패시브
투자의
최종 승자
# ETF

DAS EINZIGE BUCH, DAS DU ÜBER FINANZEN LESEN SOLLTEST
by Thomas Kehl, Mona Linke

Copyright © by Ullstein Buchverlage GmbH, Berlin.
Published in 2022 by Ullstein Taschenbuch
All rights reserved. No part of this book may be used or reproduced in any manner whatever without written permission except in the case of brief quotations embodied in critical articles or reviews.
Korean Translation Copyright © 2025 by Thoughts of a Tree Publishing Co.
Korean edition is published by arrangement with Ullstein Buchverlage GmbH, Berlin through BC Agency, Seoul

이 책의 한국어판 저작권은 BC에이전시를 통한
저작권사와의 독점 계약으로 (주)도서출판 나무생각에 있습니다.
저작권법에 의해 보호를 받는 저작물이므로 무단 전재와 복제를 금합니다.

# 패시브 투자의 최종 승자 ETF

초판 1쇄 인쇄 2025년 12월 1일 | 초판 1쇄 발행 2025년 12월 10일

지은이 토마스 켈 & 모나 린케 | 옮긴이 한윤진
펴낸이 한순 이희섭 | 펴낸곳 (주)도서출판 나무생각
편집 양미애 백모란 | 디자인 박민선 | 마케팅 이재석
출판등록 1999년 8월 19일 제1999-000112호
주소 서울특별시 마포구 월드컵로 70-4 (서교동) 1F
전화 02) 334-3339, 3308, 3361 | 팩스 02) 334-3318
이메일 book@namubook.co.kr | 홈페이지 www.namubook.co.kr
블로그 blog.naver.com/tree3339

ISBN 979-11-6218-374-8 03320

값은 뒤표지에 있습니다.
잘못된 책은 바꿔 드립니다.

독일 최고 금융채널
피난츠플루스
토마스 켈의
안전한 패시브 전략

# 패시브 투자의 최종 승자

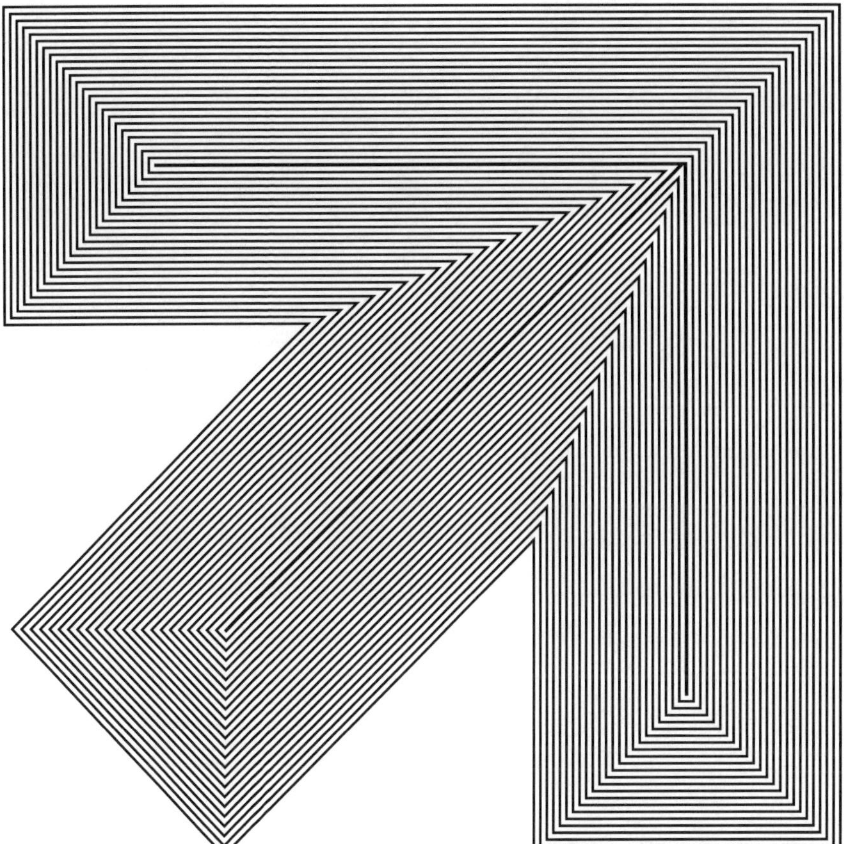

# ETF

토마스 켈·모나 린케
한윤진 옮김

**일러두기**
한국 독자의 이해를 돕기 위해 한국의 실정과 제도 등에 관해서도 일부 첨부하였고,
혼선을 주지 않는 선에서 유로화를 원화로 대치하여 일부 내용을 정리하였습니다.

# 차례

**들어가기**
**돈이 전부가 아니더라도
투자는 해야 한다** 9

## 투자에 관한 7가지 커다란 오해

어쨌건 연금은 충분할 것이다  15
돈이 세상을 추악한 곳으로 만들었다  20
일찍 배울수록 돈을 잘 다룰 수 있다  23
정부가 나를 잘 돌봐줄 것이다  25
내 돈이 불어나지 않는 건 저금리 때문이다  28
금융 전문가의 도움을 받아야 한다  32
모두가 그렇게 하니 나도 따르는 게 옳다  41

## 당신의 미래를 위한 투자 방향을 설정하라

어떻게 목표를 설정하고 달성할 것인가  47
현재 당신의 재정 상황을 파악하라  59

저축의 기술　64
부채는 어떻게 관리할 것인가　74
이 보험은 정말 필요할까　79
더 저렴하게 보험에 가입하는 방법이 있을까　88

## 고전적인 투자 방식

비수익성 투자: 적금, 정기예금　94
미온적 투자: 생명보험, 주택적금　97

## 부동산, 부(富)를 향한 가시밭길

임대냐 매매냐, 그것이 문제로다　112
부동산 임대로 돈을 벌 수 있을까　122
부동산에 투자하는 또 다른 방법　127

## 주식시장을 활용하는 간편 투자

주식이란 무엇인가　134
주주가 된다는 것은 어떤 의미인가　135
주식 투자로 어떻게 돈을 벌 수 있을까　136
주식시장: 유가증권을 위한 이베이식 광고　137
주식시세는 어떻게 결정되는가　138
득이 되는 리스크와 득이 없는 리스크　142
분산투자라는 기적의 무기　146

## 펀드: 패키지로 증권을 쇼핑하다

펀드의 원칙: 큰 그림에서 각각의 몫으로　156
인덱스: 주식시장에서 방향을 설정하는 바로미터　158

액티브 펀드: 적극적이고 과감하게  161
패시브 펀드: 리스크 관리와 수익률을 동시에  162
액티브 펀드의 소소한 수익률  163
ETF: 복사 및 붙여넣기에 의한 투자  166
당신의 전략: 액티브하게 살고, 패시브하게 투자하라  174
자동매수: 패시브 전략이 원활히 작동되는 이유  181

## 첫 투자로 향하는 4단계 실전 가이드

1단계: 위험과 안전 사이의 적절한 균형을 찾아라  186
2단계: 당신만의 포트폴리오를 구축하라  193
3단계: 당신의 포트폴리오에 딱 맞는 ETF를 찾아라  205
4단계: 당신의 포트폴리오를 위한 계좌를 개설하라  216

## 당신이 항상 알고 싶었던 모든 것

언제 시작하는 것이 좋은가  229
한 번에 투자할까, 나눠서 투자할까  233
투자와 세금: 세금이 무섭다고?  234
대폭락이 오면 무엇을 해야 하는가  238
안전형 투자 자산으로 국채는 어떤가  244
친환경 투자: 양심을 따르는 투자는 어떤가  246

## 행복과 자유, 그리고 자아실현의 길

돈이 있어야 행복하다  258
돈은 자유를 의미한다  260
당신은 세상을 조금 더 이롭게 만들 수 있다  264
당신은 아마도 더 오래 살 것이다  265
당신은 자신에게 투자해도 된다  267
이것으로 끝!  272

## 들어가기
# 돈이 전부가 아니더라도
# 투자는 해야 한다

대학 시절 고교 동창이었던 아르노와 나는 당시에는 별로 눈에 잘 띄지 않았던 프로젝트를 시작했다. 바로 일반인을 위한 금융 교육 영상을 제작하여 유튜브 채널에 업로드하는 것이었다. 우리는 이 채널에 독일어로 '현금 흐름(Cash flow)'을 뜻하는 '피난츠플루스(Finanzfluss)'라는 이름을 붙였다. 당시만 해도 금융이나 주식 관련한 콘텐츠가 거의 없었다는 점에 우리는 주목했다. 특히 유튜브에는 금융 콘텐츠가 전무했다.

이미 그 시절부터 나는 모든 사람이 자신의 재무 상태를 직접 관리해야 한다는 신념이 확고했다. 그저 타인에게 맡겨놓기에는 우리에게 너무나 중요한 문제이기 때문이다. 그래서 우리는 투자 초보자도 주식시장에서 투자 경험을 쌓은 투자자들만큼이나 손익을 실현할 수 있도록 금융이나 투자 분야의 핵심 주제를 쏙쏙 뽑아 설명하는 교육 영상을 제작하기 시작했다. 그리고 동영상을 매주 부지런히 업로드했다.

이런 나의 열정과 관심은 아마 꽤 어렸을 때부터 시작되었던 것 같다. 어린 시절 즐겨 시청하던 애니메이션 시리즈 〈재미있는 수첩(Lustiges Taschenbuch)〉에서 가장 좋아하던 캐릭터가 모험심이 강하지만 자린고비인 스크루지 맥덕이었다. 나는 꽤 일찍이 나만의 '머니 뱅크'에 투자를 시작했고, 주식시장에서 투자 경험을 쌓았다. 당시만 해도 아직 부모의 보호를 받던 시절이었다. 그 후에는 은행원으로 직업 경험을 쌓는 동시에 대학에서 경영학을 공부했다. 처음에는 프랑크푸르트에서, 이어 파리 경영대학교(Business School)에서 공부를 이어갔다.

졸업 후에는 프랑스 투자은행에서 애널리스트로 근무하기 시작했다. 정말이지 긴장을 놓을 수 없으면서도 많은 것을 배운 시간이었다. 하지만 금융인으로서의 나의 커리어는 그리 오래 지속되지 못했다. 소소한 프로젝트로 시작했던 피난츠플루스 규모가 그사이 본업과 병행하기 버거울 정도로 성장했던 것이다. 결국 나는 우리의 금융 교육 플랫폼을 제대로 구축하는 데 모든 것을 걸기로 결심하고 다니던 직장에서 퇴사했다.

당시만 해도 6년 만에 구독자가 수백만 명이 넘는 채널로 성장하게 될 거라고는 상상도 하지 못했다. 오늘날 우리는 두 개의 유튜브 채널뿐만 아니라 웹사이트, 팟캐스트, 전문 도서, 블로그, 온라인 위클리 뉴스페이퍼, 라이브 방송 등 다양한 미디어 채널을 통해 금융 분야와 관련된 모든 주제를 다루고 있다. 유능한 편집자, 디자이너, 프로그래머가 한 팀이 되어 뒤에서 든든하게 지원하고 있다. 이들 중 피난츠플루스에서 출간한 자기계발서와 온라인 블로그 저널을 담당하고 있는 저널리스트 모나 린케가 나와 함께 이 책을 공동 집필했다.

수년간 함께한 팀원들과 우리는 믿을 수 없을 정도로 커다란 커뮤니티를 구축해 냈다. 뿐만 아니라 정말 다양한 사람들이 피난츠플루스를 통해 직접 자신의 자산을 관리하고 재테크에 뛰어들었으며, 서로 관련 정보를 교환하고, 활발히 교류하고 있다.

이 책은 피난츠플루스의 세계를 압축하여 당신의 손에 쥐여준 것이나 다름없다. 나는 당신에게 우리의 경험을 한데 모아 그동안 문의받았던 수천 가지 질문과 토의 내용 중 핵심이라 할 만한 일부 내용을 정리하여 설명하고자 한다. 영리한 재무 결정을 내리는 데는 경영학을 전공할 필요도 없고 투자은행에서 일한 경험이 없어도 된다. 참으로 좋지 아니한가! 누구나 할 수 있다! 이 주제를 전혀 다뤄보지 않은 사람들도 금융계에서 종사하던 내 옛 동료들 또는 대학 동창들처럼 할 수 있다. 저들도 지금은 최적의 개인 자산 관리를 위해 종종 우리 채널을 보며 참고한다고 한다.

무엇보다 돈을 최대한 잘 굴리는 데 필요한 금융 지식과 실전 가이드를 제공하는 것이 이 책의 목표다. 그로써 재무 상태를 직접 관리하고 재테크할 수 있는 능력을 당신은 갖출 것이다. 이를 바탕으로 해당 분야를 얼마나 깊이 파고들지, 그리고 투자에 얼마나 시간을 쓸지 결정할 수 있다. 솔직히 당신이 얼마나 많은 노력을 하는지는 성공적인 재테크에 그리 결정적이지 않다. 나 또한 내 재무 상태를 확인하는 데 쓰는 시간이 기껏해야 한 달에 한 시간에서 두 시간이 넘지 않을 것이다. 올바른 전략을 선택하고 몇몇 근본적인 질문에 이 책에서 제시하는 올바른 해답이 더해진다면 그것으로 충분하다. 그러므로 우선 자산 관리와 관련하여 앞으로 무슨 내용을 다루게 될지 함께 살펴보자!

### 앞으로 당신을 기다리는 아홉 장의 핵심 내용

우선 이 책은 총 아홉 장으로 구성되어 있다. 가장 먼저 건강한 자기 신뢰를 바탕으로 돈과 자산이라는 주제에 진중하게 접근하는 것을 가로막는 몇 가지 고정관념을 짚어볼 것이다. 2장에서는 당신의 재정 상태를 샅샅이 검토해 볼 것이다. 지금 당신이 서 있는 지점은 어디인지 그리고 어디로 가고 싶은지 살펴본다. 그로써 당신은 명확하고 현실적인 목표를 설정하는 법과 더불어 그 목표를 달성하려면 구체적으로 무엇을 해야 하는지도 배울 것이다. 이때 당신의 투자를 돕는 유용한 팁을 공개할 예정이다. 또한 실제로 꼭 필요한 보험과 무시해도 좋은 보험이 무엇인지 알아보고 그 이유를 설명할 것이다.

   3장에서는 투자의 세계에 한 발을 내딛는 모험을 시작할 것이며, 적금부터 보험, 주택연금까지 고전적이고 가장 인기 있는 투자 방식에 대해 설명한다. 4장에서는 부동산에 관한 주제를 소유주와 투자자의 시각으로 살펴보며 재정적 관점에서 살펴봐야 할 핵심 사항을 설명한다.

　5장에서는 많은 독자에게 어쩌면 새롭고 흥미진진하게 느껴질 주식의 세계를 다룬다. 우리는 증권시장을 단기 투자처로 보는 것은 카지노 도박과 다름없다고 생각한다.

　하지만 6장에서는 ETF의 장기 투자를 통해 몇 가지 규칙만 잘 준수한다면 주식이라는 투자 자산 유형이 당신에게 얼마나 수익성 높은 투자처인지 설명할 것이다.

　7장에서는 재테크에 생소했던 당신이 투자자가 되어 포트폴리오를 구축하고, 적절한 ETF를 찾을 때 도움이 되는 간단한 4단계 방법을 소개한다. 또한 포트폴리오 계좌를 개설할 자산 운용사를 검색할 때 유의해야 하는 사항도 설명한다.

　8장은 우리 경험에 따르면 많은 사람을 투자에 머뭇거리게 만드는 몇몇 뜨거운 질문에 대해 답한다. 세금, 대폭락(Crash), 올바른 투자 시점, 친환경 투자 등에 대해서도 말할 것이다. 마지막 장인 9장에서는 질서정연한 재무 상태와 자산 형성의 시작이 행복, 건강, 자유 등 인생의 다른 부분까지 영향을 미친다는 점을 설명하며, 또 한 번의 동기부여가 될 것임을 밝힌다.

　아무쪼록 이 책을 읽는 순간이 여러분에게 큰 즐거움이 되기를 바란다!

토마스 켈

# 투자에 관한
# 7가지 커다란 오해

많은 사람이 투자에 관한 주제는 껄끄러워하거나 나중으로 미루려고 한다. 왜 그런 것일까? 한편으로는 가계보험, 퇴직연금, 펀드 투자와 같은 키워드에 고착된 진부한 이미지 때문일 것이다. 그 밖에도 투자에는 '카더라' 하는 여러 소문과 편견이 존재한다. 1장에서 우리는 투자 하면 가장 먼저 떠올리는 7가지 오해를 바로잡을 것이다. 어쩌면 그중 하나 또는 일부는 당신이 익히 알고 있는 내용일 수도 있다. 그것이 지금까지도 아무것도 하지 못하게 당신의 발목을 붙잡고 있을지도 모른다.

## 어쨌건 연금은 충분할 것이다

곧바로 현실적인 주제로 시작해 보자. 많은 사람이 당장은 수입이 넉넉하더라도 막상 연금을 수령할 시기가 되면 경제적인 곤경에 처하게 될 것이다. 지금이야 안정적인 소득이 있고 여러 편의를 실컷 누릴 수 있겠지만, 은퇴 후에는 과거의 생활수준을 포기해야 하는 상황이 생길 수 있다. 물론 오롯이 연금만 믿고 있을 때 그렇다는 말이다.

만약 당신이 중산층이라고 정의한 집단에 해당한다면 더더욱 그렇다. 독일에서 중산층이란 월평균 세후 1,410~2,640유로, 즉 평균 2만 5천 유로(약 4000만 원)의 연봉을 받는 계층을 일컫는다. 간단한 사례를 들어보겠다.

현재 45세인 알렉산더 뮐러는 지난 25년간 정규직으로 근무했고, 현재 세전 3만 5천 유로(약 5500만 원)의 연봉을 받고 있다. 앞으로 2047년에 퇴직할 예정인 그는 그때까지 연금을 꼬박꼬박 납부해야 한다. 물론 현실적으로 모든 근로자에게 해당되지는 않지만 매년 2%씩 임금이 상승할 것이라고 가정해 보자. 막상 67세가 된 알렉산더의 수중에는 세후 물가상승률을 반영하면 한 달에 약 1,200유로만이 남는다. 이는 많은 대도시의 한 달 임대료에 불과한 액수다. 연금 격차, 즉 최종 월급(알렉산더의 경우 세후 약 2,800유로)과 예상 연금 수령액의 차이는 무려 1,600유로에 달한다. 물론 소득이 많으면 원칙적으로 연금도 그만큼 늘어날 테고, 연금 개시 연령인 67세에 노인 빈곤층으로 추락할 가능성도 줄어들 것이다. 하지만 어떻게 해도 기존의 생활수준이 급격히 떨어지는 상황만큼은 막을 수 없다.

또 다른 사례를 살펴보자. 현재 40세인 타냐 슈미트는 고등학교 졸업 후 대학에서 6년을 공부했고, 곧바로 취업에 성공하여 현재까지 근무 중이며 세전 5만 유로(약 7860만 원)의 연봉을 받고 있다. 이때 타냐의 연봉이 직장 생활 내내 매년 2%씩 상승한다고 가정해 보자. 퇴직 후 연금 수령 전까지 타냐의 월급은 7,200유로(약 1131만 원)까지 상승하겠지만 퇴직 후 받는 연금 수령액은 세전 3,300유로(약 518만 원)에 불과하다. 거기에 물가상승률을 반영하고 세금까지 공제한다면 그마저도 2,030유로(약 319만 원)로 줄어든다. 이는 기존에 벌던 수입의 절반에도 못 미치는 금액이다.

물론 나이가 들면 젊을 적에 비해 지출이 현저히 줄어드는 것도 사실이다. 이를테면 자식들이 모두 출가했다든가, 주택담보대출 또는 대출을 전부 상환했다든가 하는 이유로 말이다. 하지만 아무리 그렇다 한들 연금 격차가 거의 50%에 달한다면 과거의 라이프스타일을 포기하는 것은 피할 수 없다. 하지만 여전히 많은 노년층이 더는 필요가 없음에도 아직까지 큰 집을 고수한다. 아니면 은퇴 후 해외여행을 하고, 외국살이를 하거나 별장 매입을 염두에 두는 '활동적인 노후 생활'을 꿈꾼다. 물론 이 또한 개인적으로 미리 준비해 두지 않았거나, 예비해 둔 비상금이 없다면 절대 불가능한 이야기다.

## 연금 수준을 보면 무엇을 알 수 있을까

연금 수준(평균 임금 대비 연금 수령액의 비율)은 훗날 수령할 연금이 기존의 생활수준을 어디까지 보장할 수 있는지 정보를 제공한다. 예를 들면 약 45년간 일한 뒤 수령할 평균 연금액을 평균 소득과 비교하는 지표인 것이다. 연금 수준이 높을수록 연금 수령액이 평균 임금과 가깝다. 연금 수준이 낮으면 별도로 노후 준비를 해야 할 필요성이 높다. 1970년대 후반만 해도 독일의 연금 수준은 약 60%에 달했지만 2020년 연금 수준은 무려 48%로 하락했고, 이대로 2030년에 이르면 45% 이하가 될 것으로 예상된다. 연금만으로는 살기 힘들 수도 있다는 말이다.

## 더 많이 납부하는 사람이 연금을 더 받는 시스템

그렇다면 연금은 어떻게 산출되는 것일까? 독일의 예를 들자면, 현 연금 시스템에는 등가의 원칙이 적용된다. 더 많이 납부한 사람이 추후에 더 많이 수령하는 것이다. 물론 처음에 듣기에는 매우 공정한 처사처럼 느껴질 것이다. 하지만 문제는 다수가 저임금 등으로 적절한 연금을 받지 못하므로 노인 빈곤에 대처할 방법이 없다는 데 있다. 특히 저임금 분야의 종사자, 장기 실업자, 1인 자영업자 또는 파트타임 종사자들이 이에 해당된다.

성별로 살펴보면 여성이 노인 빈곤의 위험에 더 노출되어 있다. 사회적으로 여성 근로는 점점 증가하는 추세지만 남성에 비해 저임금 직업군에서 근무하기 때문이다. 그리고 여성 근로자의 대다수가 임신과 육아로 인해 직장 생활을 잠시 중단하거나 가사와 육아를 병행하기 위해 파트타임으로 전환한다. 그 밖에도 아무리 남성과 동등한 자격과 지위에 있는 여성이라도 남성 동료보다 임금이 낮은 경우가 빈번하다. 2019년 연금 수령액만 살펴봐도 여성 평균 연금 수령액은 764유로(약 120만 원)인 반면 남성 평균 연금 수령액은 1,186유로(약 186만 원)였다.

만약 은퇴 후 수십 년간 연금을 받을 예정이라면 무엇보다 낮은 연금 수령액에 초점을 맞춰야 한다. 독일 연금 체계는 분담금 방식이 적용되기 때문이다. 다시 말해, 현재 직장에서 근무하며 연기금에 납부하는 근로자가 연금을 수령하고 있는 현 수급자의 연금을 충당하고 있다는 것이다. 즉, 당신이 납부한 납입금이 당신을 위해 별도로 적립되지 않고 다른 사람에게 지급되고 있다는 의미다(한국의 국민연금도 마찬가지다.).

물론 인구통계학적 변화만 없다면, 이런 시스템이 앞으로도 원활히 작동할 수 있다. 하지만 갈수록 노년층이 늘어나며 연금 수급자의 수와 기간이 늘어나고 있다. 반면 근로자의 수는 수십 년째 감소세를 보이고 있다. 따라서 앞으로 연금 납부자와 연금 수급자의 비율은 그리 희망적이지 않다. 당장 1.8명의 근로자가 1명의 연금 수급자를 지원하고 있다. 1960년대 초반만 해도 무려 6명의 근로자가 1명의 연금 수급자의 생계를 보장했다. 하지만 2050년까지 연금 수급자 1명의 재원을 책임져야 할 근로자는 1.3명까지 감소할 것으로 예측되고 있다.

그러므로 오늘날 개개인의 노후 준비는 선택이 아닌 필수가 되어버렸다. 만약 우리 부모 세대처럼 연금만 있으면 충분할 거라는 낙관적인 태도를 보이며 오롯이 연금에만 의존하려 한다면 훗날 혹독한 시련에 처할 수도 있다. 이미 수년 전부터 연금 수준이 나날이 하향 조정되고 있다. 그리고 분담금 방식을 기반으로 하지만 재원의 4분의 1이 세금으로 충당 중인 지금까지의 연금 체계만으로는 이런 연금 수준이 금방 상승할 것이라 기대하기 힘들다. 그러므로 국가 지원이 축소되고 연금 수준이 하향하고 있다면서 그저 연금 수령 연령을 높이는 정책 등으로 어떻게든 조정해 보려는 현 연금 시스템에는 가능한 한 의존하지 않는 것이 좋다. 연금을 수령해도 그것이 재산을 축적하는 길로 이어지지는 않는다.

## 돈이 세상을 추악한 곳으로 만들었다

예수는 "낙타가 바늘귀를 통과하는 것이 부자가 하늘나라에 들어가는 것보다 쉽다."라고 말했다. 실제로 역사를 살펴보면 그런 광경이 거듭 반복되었다. 현재 우리가 사는 시대에도 부와 재산은 거듭 악명을 쌓고 있다. '더러운 돈'이라는 낙인이 '부'를 비난받아 마땅하고 부도덕한 것으로 만들었고, 그런 성향이 오늘날까지도 우리 사회에 어느 정도 명맥을 이어오고 있다.

물론 틀린 말은 아니다. 돈을 향한 탐욕은 도덕적으로 의심스러운 일마저 하게 만든다. 지난 수천 년 동안 사람들은 부의 축적이나 영토 확장을 위해 상대를 쓰러트리는 일도 주저하지 않았다. 바다는 오염되었고, 어업자원은 남획되었다. 열대우림이 베어지고, 또 석유와 천연가스 시추를 위해 땅속 깊이 구멍을 팠다. 그러다 보니 돈이 이 모든 악의 근원이며 돈이 개입함으로써 이 세상이 타락하고 있다고 주장하는 것이 아닐까?

하지만 사실은 오히려 정반대다. 우선 돈은 중립적이기 때문이다. 돈 때문에 생기는 문제는 처음부터 그렇게 정해져 있던 것이 아니라 돈을 손에 쥔 사람의 몫이다.

자고로 돈이란 재화와 서비스를 지불하고 계산하는 데 쓰이는 측정 가능한 수단이다. 결과적으로 돈은 물물교환에 혁신을 일으켰다. 돈을 매개체로 생산자와 각기 다른 산업 또는 지역의 상인들이 별도로 만나지 않고도 거래가 가능해졌다. 돈은 혁신과 기술을 통한 진보라는 현대 분업의 근간이다. 돈이 없었다면 지금처럼 효율적이고 생산적인 경제는 존재할 수 없었을 것이다.

그 밖에도 돈은 '가치의 저장 수단(store of value)'이다. 구매력을 저장하고, 수입을 비축해 두었다가 추후에 사용할 수 있게 한다. 그로써 우리는 미래와 관련하여 더욱 폭넓은 차원으로 고민할 수 있었다. 그로써 은행, 신용 그리고 증권을 고안하고, 경제를 이끌어가는 채권자와 채무자를 만들고, 궁극적으로 대규모 투자를 실현했다. 또 주택 및 도시, 학교 건설 그리고 거리 설계 등 시간이 흐를수록 다방면으로 돈을 활용하여 더 나은 곳으로 발전하는 세상을 조성했다.

돈은 수백 년 전 인류를 파멸시킬 뻔했던 질병과 전염병을 극복하게 만든 토대이기도 하다. 또한 단 몇 시간 만에 비행기를 타고 지구상의 어디로든 날아가거나 네모난 작은 화면으로 단 몇 초 만에 세상에 존재하는 모든 지식에 접근하게 한다. 돈은 사람들이 도시에서 함께 생활하고, 강에 다리를 놓아 건너고, 대학을 다니며 평균수명을 무려 90세에 가까운 나이까지, 또는 그것보다 더 오래 사는 데 기여했다.

지난 몇 세기만 살펴봐도 전 세계적으로 사람들의 생활환경은 몇 배나 개선되었다. 1800년경 사람들의 수명은 고작 평균 30세에 불과했지만 현재 전 세계 사람들의 기대수명은 72세에 이르렀다. 19세기 초만 해도 문맹률이 90%에 이르렀지만 오늘날은 전 세계 성인의 90%가 글을 읽고 쓴다. 그리고 그렇게 되기까지 경제, 혁신과 진보의 기반이 된 돈이 크게 기여했음을 누구도 부정할 수 없다.

어쨌거나 이러한 돈의 특성과 용도가 21세기인 오늘날 과거에 비해 훨씬 더 나은 환경과 조건에서 생활하게 하고, 또 고도로 기술이 발달한 세상에서 혜택을 누리는 데 필요한 토대를 마련했다는 것만큼은 확연한 사실이다.

## 일찍 배울수록 돈을 잘 다룰 수 있다

솔직히 반박 불가의 팩트다. 일반적으로 애초에 돈을 어떻게 관리해야 하는지 배우지 못한 사람들이 수두룩하다. 그런 사람들은 자산 관리, 재산 축적, 노후 설계 과정에서 어려움을 겪는다. 그러한 까닭에 다음과 같은 질문이 반복적으로 뜨거운 이슈로 떠오르곤 한다.

'학교에서 경제를 가르쳐야 하는 건 아닐까? 내일의 일꾼이 당면할 문제를 준비하게 돕는 것이 학교의 사회적 소명이 아닐까? 어려서부터 세금 신고와 주식, ETF 같은 지식을 배우게 해야 하지 않을까?'

물론 그렇게 돼도 좋을 것이다. 고등학교를 갓 졸업한 어린 청년들이 식은 죽 먹듯 세금 신고를 하고, 고작 스무 살의 나이에 연금의 효용성을 계산할 수 있다면 얼마나 좋겠는가. 청년들에게 금융시장의 작동 방식이나 좋은 상품과 피해야 할 상품의 차이와 같은 확고하고 객관적인 기본 지식을 전수하는 것은 누구도 반대하지 않을 것이다. 수백만 명이 넘는 청년들이 이러한 지식을 기반으로 재산을 형성하고 재정적 독립을 완성해 나가는 과정에서 가능한 모든 이점을 취할 것이다.

하지만 지금 상황으로만 보면 독일 공교육에서 금융 과목이 시간표에 오르는 일은 현실적으로 불가능해 보인다. 덧붙여서 금융 분야를 교과목으로 도입한다고 해도 그 자체가 상당한 도전일 수 있다. 또 그렇게 된다고 해서 더 나아진다는 보장도 없다. 새로 개설된 과목을 가르칠 자격을 갖춘 사람은 누구란 말인가? 어찌 보면 교사진 중에 학생들에게 올바른 조언을 할 만한 사람이 있으리라 여길 수도 있다. 하지만 최악의 경우를 가정해, 강단 앞에 선 교사가 생명보험 옹호자이거나 자신만의 의심쩍은 분석 기법으로 투자하는 아마추어 트레이더일 수도 있다. 어느 쪽이더라도 절대 구미가 당기는 일은 아닌 것이 확실하다.

하지만 학교에서 금융 과목을 배우지 않아도 그에 관한 지식을 쌓고 능력을 배양할 방법이 아예 없지는 않다. 사회생활을 하는데 필요하지만 특별히 교과목으로 분류되지 않는 전문 지식이 이 외에도 얼마나 많은가? 예컨대 세금 신고, 임대 계약, 인터넷 및 소셜 미디어 이용, 구직, 지원서 작성, 성공적인 대인관계, 자녀 양육 등이 그러하다. 이런 모든 분야 또한 별도로 학교에서 배우지 않아도 알아서 제각각 배우고 제대로 대처할 수 있다. 이는 우리가 직접 정보를 찾고 경험을 통해 그런 지식이나 능력을 습득했기 때문이다.

학창 시절을 돌이켜 보면 당시 내 눈에는 (프랑스인) 영어 선생님의 언어 실력이 훗날 나의 커리어를 준비하기에 충분해 보이지 않았던 것 같다. 그리하여 영어 면접 과정을 준비하던 시절 별도로 학원에 다니며 열심히 준비했다. 심야 수업을 듣고, 원어민 과외를 받거나 자막이 있는 여러 시간짜리 교육 영상을 시청하며 열심히 준비했다. 이런 방법은 매우 효과가 좋았다.

금융과 관련된 주제도 이와 마찬가지라고 생각한다. 누구나 나이와 상관없이 돈을 다루는 법을 배울 수 있다. 그러기 위해 별도의 교과목이나 금융 및 회계 세미나를 수년간 쫓아다닐 필요가 없다. 그저 시작만 하면 충분하다. 웹사이트, 블로그, 팟캐스트, 유튜브 동영상, 전문 서적 또는 금융 네트워크 등, 지식은 도처에 깔려 있고 누구에게나 열려 있으므로 검색만 하면 된다. 이 과정에서 당신에게 꼭 필요한 자질은 바로 비판적인 사고다. 왜곡된 낚시성 기사에서 건전한 팩트를 구분할 수 있다면 이미 반은 성공한 것이나 마찬가지다.

주식시장과 기업 정보 관련해서는 학교에서 배우는 국어나 수학 과목처럼 취급할 수 없으므로 언급할 필요도 없다. 하지만 지금은 나이나 경험 유무 또는 재산 유무와 상관없이 이 주제를 직접 제 손으로 관리해야 하는 시대임은 분명하다. 필요한 지식을 축적하는 것은 오롯이 각자의 몫이다. 결국 관리하려는 대상이 나의 자산이며, 이루고자 하는 목표 역시 마찬가지이기 때문이다. 그러므로 이제 당신이 직접 두 팔 걷어붙이고 나서야 한다!

## 정부가 나를 잘 돌봐줄 것이다

많은 사람이 자신의 재정 문제를 무턱대고 국가에 맡겨버리는 경향이 있다. 예를 들어 연금제도가 개혁되거나 정부가 또 다른 국민 기금을 마련하기만을 마냥 기다린다. 물론 이런 사회 풍조가 전혀 예상 밖인 것은 아니다. 국가에서 우리가 생활하고 일하는 기본 환경을 조성하고 있으며 국민이 잘 지낼 수 있도록 다방면의 조치를 취하는 것도 사실이다.

어쨌거나 정부는 나라의 안녕을 유지하는 데 집중하고 법의 통치를 보장하며, 사회 기반 시설에 투자하여 복합적인 생산 고리를 형성하고 그로써 경제를 부흥시키는 역할을 한다. 그리고 우리가 도로와 철도를 이용해 보다 빠르고 안전하게 이동하도록 살피며, 그 어느 국가와 견줘도 뒤지지 않을 정도로 안정된 전기 공급과 데이터 및 통신 네트워크를 구축한다. 우리는 수준 높은 교육을 자유롭게 받을 수 있다. 물론 이러한 모든 혜택과 지원을 누리기 위해 우리는 세금을 낸다. 하지만 납세의 의무는 국가의 번영을 제대로 체감하지 못하는 사회라도 마찬가지다.

그러므로 국가가 우리의 노후까지 '잘 챙겨주기를' 바라는 것이 꼭 억지인 것만은 아닐 것이다. 국채 투자로 국민의 미래를 보장하려는 스웨덴, 네덜란드, 노르웨이와 같은 국가들조차 거둬들인 연금 및 사회보장기금의 일부를 자본시장에 투자하고 있다. 하지만 개인의 재정 문제와 관련하여 오롯이 국가에 의존하려는 태도는 시정할 필요가 있다. 독일이 직접적인 사례일 것이다. 독일 정책상 생명보험이나 국가 지원 개인연금처럼 세제 혜택이 따르는 금융 상품만으로는 은퇴자의 노후를 전부 책임질 수 없다. 각자가 재테크를 통해 자신의 노후를 직접 책임져야 한다. 책임감 있는 사고와 행동은 우리 사회를 작동하게 하는 초석이 된다고 하지 않는가.

첫째, 당신과 나의 돈을 제대로 투자하여 최고의 수익률을 일궈내는 것만큼은 국가의 과제가 아니다. 둘째, 다른 삶의 영역도 마찬가지겠지만 국가만 의존하는 태도는 스스로 제 발목을 붙드는 것이나 다름없다. 머릿속에 책임져야 할 사람이 내가 아니라는 생각이 조금이라도 있는 한, 당신은 자신의 재정 문제를 직접 책임지려고 시도하지 않을 것이다. 만약 국민의 돈을 가지고 성공적인 투자를 하는 국가나 정부가 있다면 그것을 모델로 삼아 자신의 종잣돈을 활용하여 직접 해외에 투자할 수도 있을 것이다. 투자는 생각보다 훨씬 간단하다.

스칸디나비아 국가들의 사례를 좀 더 살펴보자면, 연금 생활자들의 노후를 책임져야 하는 스웨덴과 노르웨이의 연기금은 주식에 광범위한 분산투자를 하는 것 외에 달리 운용되지 않고 있다. 그리고 그런 식의 투자는 당신도 충분히 직접 할 수 있다. (어떻게 하면 되는지 그 구체적인 방법은 이 책의 말미에서 상세하게 설명할 것이다.)

당신에게는 저축한 돈을 더 불릴 기회가 있으며, 그것을 실행할지 말지는 전적으로 당신의 손에 달렸다.

## 내 돈이 불어나지 않는 건 저금리 때문이다

"금리가 사상 최저 수준이다."

우리는 이런 말을 여러 매체를 통해 반복해서 접한다. 그러므로 이런 환경에서 재산을 모으는 데 성공한 사람이 거의 없다 해도 전혀 놀랍지 않다.

겉으로 보기에는 그럴듯해 보이지만 막상 현실은 생명보험이나 주택적금, 예금통장에 쌓인 이자만으로는 결코 충분하지 않다. 이미 40년 전부터 마이너스 금리도 등장했다. 게다가 중앙은행의 역할도 예금주들에게 높은 예금이자를 제공하는 것이 아니다(애당초 그랬던 적도 없다.). 그런데도 중앙은행은 거듭되는 저금리 정책으로 인해 세간의 비판을 받고 있다.

**마이너스 금리란?**
금리가 너무 낮아서 적자 상태에 이른 경우를 마이너스 금리라고 말한다. 이는 채권자에게 저축한 돈을 빌려준 대가로 보상을 받는 것이 아니라 오히려 이자를 지불해야 한다는 의미이기도 하다. 따라서 마이너스 금리 투자로는 수익이 아니라 손실만 생긴다.

2019년 독일의 신문 〈빌트(Bild)〉에 유럽중앙은행(ECB)에 대한 불쾌한 일러스트가 게재됐다. 이는 유럽중앙은행에 대한 여론의 비판을 대표하는 사례였다.

"드라큘라가 우리 계좌에서 피를 빨아먹고 있다."

대표적 통속 신문에 해당하는 〈빌트〉의 삽화에 이런 내용의 헤드라인이 실렸고, 신문을 펼친 독자들은 침울한 표정으로 흡혈귀의 뾰족한 치아를 드러낸 당시 유럽중앙은행 총재, 마리오 드라기(Mario Draghi)를 묘사한 일러스트와 마주했다. 물론 드라기 총재가 '통장이 텅텅 빌 때까지' 흡혈하지 않았음은 모두가 분명히 알고 있는 사실이다.

또 세간에 널리 퍼진 억설은 예금, 보험적금처럼 고전적인 방식으로 돈을 예치한 예금자들에게 명목상 '징수'가 감행됐다고 했다. 기존의 예금 상품들의 수익이 형편없거나 아예 마이너스인 것은 결코 새로운 현상이 아니기 때문이다. 지난 50년 동안의 금리 추이를 살펴보면 낮은 이자율은 예외가 아니라 일종의 규칙이었다.

사실 중요한 것은 대부분의 금리 동향 통계에서 표시되는 명목금리가 아니라 실질금리다. 이자나 수익률을 비교하려면 먼저 실질금리를 살펴봐야 한다. 지금까지 가입한 보험이 연 1.4%의 수익률을 달성했다고 명시되어 있다면 그것은 명목금리를 말하는 것이다. 실질금리를 계산하려면 이 명목금리에 인플레이션으로 인한 가치 손실을 차감해야 한다. 물가상승률은 구매력의 추이를 설명한다. 예컨대 물가상승률이 2%라면 상품과 서비스의 가격은 연 2% 정도 상승한다. 그에 따라 구매력, 즉 당신이 보유한 돈으로 구매할 수 있는 것 또한 2% 감소한다. 인플레이션이 2.4%

라고 가정하면 명목금리가 1.4%인 생명보험의 실제 수익은 결국 마이너스 1%인 것이다. 이는 당신이 저축한 예금에서 매년 1%의 가치 손실이 발생함을 의미한다. 그로써 당신의 구매력 또한 감소할 수밖에 없다.

하지만 인플레이션은 언제나 존재했으므로 더는 새롭지 않다. 예금, 적금처럼 안전한 상품, 즉 위험부담이 낮은 투자의 경우, 실질금리와 그에 의한 마이너스 수익은 오히려 일반적이다.

아래 도표에 나타나는 독일 예금의 실질금리 추이를 함께 살펴보자. 마이너스 금리 현상은 1973년에도, 1981년에도 존재했다. 이 시기의 물가가 7%까지 인상되었기 때문이다. 예금의 이자만으로는 치솟는 인플레이션을 상쇄하기가 충분하지 않았으므로 예금액의 가치는 하락했다.

인플레이션 전후의 금리 추이

중앙은행이 최우선으로 삼은 목표는 물가 안정을 보장하는 것이었다. 그로써 상품과 서비스 물가가 가파르게 인상되지 않는 것이다. 그 밖에도 동결이나 하락을 지양해야 한다. 반면 중앙은행이 풀어야 할 숙제에 예금 가입자들에게 적절한 예금이자를 보장하는 것은 포함되지 않는다.

그러므로 당신의 투자를 책임져야 하는 사람은 바로 당신이다. 중앙은행이 어떤 행보를 보이든 간에 당신은 투자를 통해 보유한 돈을 재테크할 수 있다. 지금도 예전만큼이나 영리하게 투자할 기회가 있다.

그사이 저금리의 원흉을 찾으려는 지난 수년간의 토론과 시도는 아예 침몰하며 사라지고 없다. 한때 저금리도 장점이 될 수 있었다. 저금리는 기업과 국가에 유리한 조건을 허용했고, 사람들은 가계에 필요한 자금을 조달하는 데 적은 이자로 돈을 빌리는 것이 가능했다.

그 대신 저금리 정책은 다른 부문의 시세가 오르는 데 기여했다. 부동산이나 주식은 지난 2007~2008년 발생한 금융 위기 이후 거의 지속적인 가치 상승을 이룩했다. 투자를 위한 새로운 출자가 오늘날만큼 간단하지 않은 이유도 있다. 투자처가 자신의 기업, 새 프로젝트 또는 단순히 주식이더라도 말이다. 다른 한편으로는 투자 리스크 때문이다. 오늘날 독일 국채나 예금과 같은 금융 상품은 서류상으로조차 수익성이 거의 없다(몇 년 전만 해도 적어도 명목금리는 높았다.). 결국 더 많은 투자자가 주식시장에 몰

려들거나 실물자산, 부동산 또는 금과 같은 귀금속에 투자하게 된다.

하지만 우선은 긍정적인 측면에 초점을 맞추는 것이 무엇보다 중요하다. 수익이 거의 없는 자산군과 높은 수익률을 달성하는 자산군은 언제나 공존했다. 중앙은행의 통화정책이 얼마나 엄격한지 또는 느슨한지와는 상관없이 말이다. 그러므로 주어진 여건에서 최상의 결과물을 달성하려고 할 때도 마찬가지다. 다시 말해, 수익률이 얼마 되지도 않는데 어떻게든 이자 수익이라도 짜내려고 예금 계좌를 계속 갈아타기보다는 당장 수익률이 높은 투자에 집중하기를 권장한다. 결국 당신이 원하는 바는 자산을 축적하는 것이다. 과거에도 가능했지만 지금도 금리가 높거나 낮은 것과는 별개로 여전히 가능한 일이다.

## 금융 전문가의 도움을 받아야 한다

거래 은행의 금융 전문가와 상담을 해본 경험이 있는가? 있다면 상담을 마친 후 은행을 나오면서 어떤 기분이 들었는가? 어쩌면 당신도 이 질문을 하는 설문조사에 답한 대다수 응답자처럼 대답할지도 모른다. 약 60%에 이르는 응답자들은 담당 컨설턴트가 고객의 필요와 성향에 따라 맞춤 상품을 추천해 주었다고 확신했다. 그리고 그중 절반은 담당 컨설턴트가 고객의 필요를 최우선으로 고려한다고 확신했다.

그렇게 대답한 응답자들은 아마 자신만의 환상에 빠져 있었던 것이 확실하다. 솔직히 상당히 많은 금융 전문가가 가장 중요하게 고민하는 부분이 고객에게 가장 좋은 상품이 무엇인지가 아니기 때문이다. 거기에는 그럴 만한 까닭이 있다. 솔직히 모든 고객에게 가장 적합한 맞춤 상품만을 추천한다는 것은 은행의 파산을 의미한다.

물론 앞서 말했던 것처럼, 고객의 이익에 중점을 두는 컨설턴트도 더러 있으므로 섣불리 금융 컨설팅 업계 전체가 악당이라는 낙인을 찍는 것은 부당한 처사일 것이다. 그리고 일부는 금융 전문가와의 상담이 오히려 유익한 계기가 되었을 수도 있다. 그전까지 금융 분야와 담을 쌓고 살았다면 아예 손 놓고 아무것도 하지 않는 것보다는 방법이 어떻게 되든 자신의 자산을 굴려보는 기회로 작용하기 때문이다.

### 엄연히 따지면 금융 컨설턴트는 영업 사원이다

솔직히 은행 및 금융 컨설턴트의 관심은 '무료' 상담을 위해 은행을 찾은 고객의 관심사와 사뭇 다르다. 이유는 아주 단순하다. 금융 컨설턴트는 그들의 직함이 설명하는 컨설턴트의 역할보다는 상품을 판매하는 영업 사원에 가깝기 때문이다.

상담 고객의 목표는 돈을 최대한 효율적으로 운용하는 데 적합한 금융 상품에 투자하는 것이다. 반면 은행이나 금융 컨설턴트의 목표는 특정 상품을 고객에게 판매하는 데 있다. 그들이 주력하여 추천하는 상품이 시장에 나온 모든 상품 중에서 선별한 것이 아닐 수도 있다. 상품 발행자의 수익 중 일부가 수수료의 형태로 되돌아와 은행이나 금융 컨설턴트에게 득이 되는 구조다. 이를테면 은행이 보험회사를 대신하여 중개 판매하는 개인 연금보험이 그런 사례다. 또는 은행의 자회사인 펀드 발행사가 제공하는 투자 펀드의 지분일 수도 있다.

자고로 담당 컨설턴트라면 무엇보다 고객의 수익을 위해 최선을 다해야 한다. 하지만 다수의 금융 컨설턴트가 그런 제 역할을 제대로 해내지 못하고 있다. 은행이 제안하는 상품 가운데서 금액이 높은 상품으로만 포트폴리오를 구성할 수 있기 때문이다. 이제 금융 컨설턴트가 그렇게 행동할 수밖에 없는 이유를 어느 정도 납득이 되었으리라 생각한다.

그러므로 아무 생각 없이 무작정 은행을 방문하면 예상치 못했던 지출로 이어질 수도 있다. 펀드 투자를 권유한 금융 컨설턴트의 조언에 납득하여 펀드에 돈을 입금하는 순간 곧바로 수수료가 부과되기 때문이다. 일종의 판매 수수료인 이 비용은 해당 상품을 성공리에 중개한 영업에 대한 보상이다. 채권형 펀드의 경우 수수료가 예치 금액의 5%에 달한다. 예컨대 2만 유로(약 3150만 원)를 펀드에 투자한 고객은 계약이 체결되는 순간 잔고에서 이미 1천 유로(약 157만 원)가 줄어든 셈이다.

그러므로 다음과 같은 사항을 꼼꼼히 살펴봐야 한다. 은행에 고용된 금융 컨설턴트의 궁극적인 목표는 몸담은 기업에 이윤이 생기는 계약 체결을 통해 받는 인센티브 및 수수료다. 반면 고객은 자신에게 꼭 맞는 상품과 투자 방법을 구체적으로 알고 싶어 한다. 이러한 상반된 입장에서 관심사의 충돌은 피할 수 없다. 고객의 입장에서는 추가 비용이 발생하는 한정적인 상품만 가지고는 올바른 결정을 내리기가 거의 불가능하다. 그러므로 어떻게 보면 체결 비용, 중개 수수료 또는 과도한 관리 비용이 없는 상품에 투자하는 것이 가장 좋은 선택일 수도 있다.

한편 은행이나 기관에 묶이지 않고 자율적으로 일하며 고객에게 시간당 보수를 받는 투자 컨설턴트도 있다. 이렇듯 별도의 컨설팅비를 받고 일하는 투자 컨설턴트는 특정 금융기관, 은행 또는 보험회사와 제휴하지 않는다. 하지만 이런 서비스를 제공하는 컨설턴트는 극히 일부에 불과하다.

투자 의사가 있다고 해서 꼭 금융 컨설턴트가 추천한 무난한 펀드나 2순위 보험에 가입할 필요는 없다. 당신의 돈과 관련된 결정은 당신이 해야지 금융 컨설턴트의 의사에 달린 것이 아니다. 그리고 그 결과가 좋든 나쁘든 책임져야 하는 것 또한 당신의 몫이다. 아무리 컨설턴트의 손에 당신의 자산을 온전히 일임했다고 해도 잘못되면 그 책임은 오롯이 당신이 져야 한다. 계약을 체결할 때 당신의 눈앞에 놓인 계약서에도 분명 명시되어 있다. 그 누구도 투자로 생긴 손실을 보상해 주지 않는다. 그리고 어느 순간 불현듯 다른 상품이 더 나은 선택이라는 것을 깨닫는다고 해도 이미 지급한 수수료를 돌려받는 것은 불가능하다.

투자를 시작할 때 이것만큼은 확실히 염두에 두어야 한다. 이 투자는 당신의 귀한 돈으로 하는 것이지 금융 컨설턴트의 돈이 아니다. 20년 후에 목표한 수익률을 달성하지 못해 답답한 마음과 울분을 삭여야 하는 사람도 거래를 진행한 금융 컨설턴트가 아니라 바로 당신이다.

### 절대 손해 보지 않는다는 속임수

금융 컨설턴트와 고객 사이에서 벌어지는 더 극단적인 이해 충돌은 다단계판매에서 정점을 찍는다. 다단계판매란 무엇일까? 딱히 떠오르지 않는가? 보험 설계사를 떠올려봐도 좋다. 아마 기억을 뒤져보면 있을 것이다. 딱히 친하지 않은 지인이지만 마주칠 때마다 무료 상담이나 자신이 해본 '자산 분석'의 장점을 언급하며 권유하는 사람이 있지 않았는가? 그들은 어쩌면 신규 고객을 찾는 다단계 영업자일 수도 있다.

이들의 영업 활동은 영업점 외부, 특히 자신의 가족 및 지인을 중심으로 이뤄진다. 이들에게는 특정 펀드나 보험을 팔 고객을 찾는 것이 가장 큰 관건이다. 계약 체결에 성공하면 판매자에게 수수료가 지급된다. 은행 직원을 통한 컨설팅과의 차이점이라면 수수료가 이들 영업사원의 유일한 수입원이라는 것이다. 이들에게는 고정 급여가 달리 없다. 말하자면 다단계 종사자의 생존은 매달 수수료가 높은 상품을 얼마나 많이 파느냐에 달려 있는 셈이다. 그렇다 보니 실적 스트레스가 전통적인 금융기관보다 훨씬 심하며, 고객과 상충하는 이해 충돌 역시 극단적이다.

다단계판매는 계층으로 나눠진 계급 구조다. 그래서 특정 상품을 판매하는 것과 동시에 신규 영업 사원을 모집한다. 지인들에게 끊임없이 "주변에 추가 수입을 원하는 사람이 있나요?"라고 묻고 다니다가 마침내 신규 영업 사원 영입에 성공하면, 그렇게 새로 입문한 영업 사원은 영입한 사람의 하위 계층으로 배정된다. 그리고 그 사람이 번 판매 수수료의 일부가 자신을 영입한 사람에게 돌아간다. 이런 식으로 다단계 계층은 점점 더 많은 단계를 구축한다. 각 층위에 있는 영업자들의 목표는 최대한 많은 신규 영업 사원을 끌어들여 자신의 수익을 높이는 것이다.

내 경험에 비추어 보면 절대 쉬운 일이 아니라는 점을 강조하고 싶다. 어린 시절 나 또한 이 업계에 잠시 몸담았던 적이 있었다. 의욕이 넘치는 수많은 젊은 영업 사원들처럼 나도 누군가와 전화 통화를 할 때 장소를 불문하고 기회가 닿을 때마다 틈틈이, 심지어 직접 사무실을 차리면서까지 사람들을 설득하려고 노력했다. 성공 보수는 말 그대로 계약이 체결되어야지만 들어왔다. 하지만 수많은 사람들을 유혹하던 다단계의 약속은 참으로 대단했다.

"한 달에 생명보험 10건만 판매하면 됩니다. 주변에 여러분의 상담이 필요한 친한 친구가 못해도 다섯은 있을 거잖아요? 그럼 그들이 또 다른 10명에게 추천할 거예요."

당시 막 스무 살이 된 나는 그런 감언이설에 껌벅 넘어갔다. 그리고 다단계의 최하위층, 그러니까 먹이사슬의 가장 하위층에서 그들이 바라는 컨설턴트가 되기 위한 훈련을 시작하는 것을 조금도 망설이지 않았다. 한편으로는 생명보험처럼 수익성이 높은 상품을 판매하고 계약 체결과 동시에 2.5%에 달하는 수수료가 입금된 순간 기뻐서 어쩔 줄을 몰랐다. 30년 약정에 계약 금액이 약 4만 유로(약 6300만 원)였던 해당 보험은 단 한 방에 1천 유로(약 157만 원)의 수익을 내게 안겨줬다.

언뜻 한 달 동안 판매된 펀드와 보험 상품을 살펴보니 그로 인한 성과가 꽤 자극적일 정도로 대단했다. 그 밖에도 회사 비용으로 전 세계에서 가장 세련된 럭셔리 리조트로 일명 동기부여 여행을 보내주는 이벤트도 있었다. 매년 거대하고 화려한 조명이 비추는 무대에서 화려한 시상식이 개최됐다. 주로 남성 동료와 그 배우자가 수천 명이 바라보는 무대에 올라 '영업왕' 상을 받았다. 그들의 뒤로는 웅장한 음악이 울려 퍼지고 황금빛 색종이가 휘날렸다. 결국 두 가지 질문에 의해 이 모든 성과가 측정됐다. 계약 체결 수수료 누계는 얼마인가? 그리고 적극적인 영업 사원을 얼마나 많이 영입했는가?

하지만 이 시스템을 내부에서 뜯어보면 다단계 영업을 하는 '프리랜서' 컨설턴트가 고객의 필요에 꼭 맞는 상품을 제안하지 않는 경우가 빈번하다는 사실이 그리 놀랍지도 않다. 다단계 영업을 하는 사람들은 자신에게 가장 많은 수수료가 생기는 상품을 홍보한다. 이를테면 고객에게 훨씬 이득인 대안이 있는데도 굳이 생명보험을 권할 수 있다. 또한 소속 기관이 제안하는 상품을 권장하며 투자 가능한 상품 가운데 극히 일부만 소개한다. 나아가 몇 년 후에는 다시 인센티브를 받기 위해 "훨씬 더 우수하고 혁신적인" 신규 상품을 추천하며 고객을 부추길 수 있다.

당시 나는 강도 높은 교육을 받았음에도 불구하고(몇 주간 이어진 주말 강의였다.) '좋은' 상품과 '나쁜' 상품을 구분하지 못했다. 그러던 어느 날 어머니에게 고가의 부동산 펀드를 추천하고, 어머니를 대신하여 돈을 투자했다. 바야흐로 2008년 금융 위기가 터지기 직전이었다. 당시 나는 이 펀드가 '이미 5% 수익을 달성했다'라고 말하며 '절대 손해 보지 않는' 펀드라고 단언하는 동료들의 말을 귀담아들었다. 그 말에 홀린 나는 그 상품이 굉장한 투자처라고 생각했다. 하지만 예상치 못했던 금융 위기가 터지면서 부동산 펀드는 막대한 타격을 입었고, 어느덧 손실은 눈덩이처럼 불어났다. 당시 모든 부동산이 대폭락을 맞았다. 오늘날까지 안타깝게도 부동산 펀드 시장은 이때의 충격에서 온전히 회복하지 못하고 있다.

### 누구나 전문가가 될 수 있다

물론 상황에 따라 전문가의 조언을 구하는 것이 유용할 때도 있다. 예컨대 부동산 구입 같은 경우라면 특히 그렇다. 반면 모아둔 돈을 제대로 투자하여 수익을 내려는 재테크가 목적이라면 꼭 그러한 컨설팅이 필요 없다. 자기 자신이 훌륭한 컨설턴트가 될 수 있다. 이 경우 다음과 같은 이점이 있다.

- 주거래 은행의 포트폴리오에서 제안하는 금융 상품뿐만 아니라 시장의 모든 상품 중에서 자유롭게 선택할 수 있다.
- 중개인에게 수수료를 지불하지 않아도 되므로 투자에서 발생하는 비용과 세금을 최소화할 수 있다.
- 수수료를 염두에 둔 컨설팅이 아니라 자신의 희망 사항과 욕구에 온전히 집중할 수 있다.
- 수십 년이 흘러도 갈아타라는 권유 없이 자신이 고수하려는 전략을 유지할 수 있다. 이로써 불필요한 수수료를 지불해야 하는 상황에서 벗어날 수 있다.
- 컨설턴트가 발생 가능한 리스크를 등한시하거나 수익성을 과장할 거라는 우려 없이 필요한 정보만 취할 수 있다.

내가 이러한 자산 관리에 관한 스스로의 통찰력을 권장하는 이유는 금융업계의 시스템 전체를 비난하려는 것이 아니다. 나 또한 고객을 위해 좋은 일을 할 수 있을 거라 믿었기에 이 길을 걸으며 커리어를 쌓았다. 당시만 해도 나는 다른 투자 대안으로 무엇이 있는지 잘 알지 못했다. 중요한 점은 이런 모든 방법이 외부의 도움 없어도 가능하다는 사실이다. 은퇴 이후 노후를 준비하고, 예금을 저축하거나 자신에게 꼭 맞는 보험을 찾는 데 꼭 금융 전문가의 도움이 있어야 하는 것은 아니다. 이 모든 것을 혼자서도 잘 해낼 수 있다. 아무리 늦어도 이 책의 마지막 장을 덮는 순간 당신은 깨달을 것이다. 자신의 자산을 관리하는 일이 생각보다 어렵지 않다고 말이다.

## 모두가 그렇게 하니 나도 따르는 게 옳다

동물이 천적을 피할 때 무리에서 혼자 떨어져 나오는 것은 그리 좋지 못한 판단이다. 어떻게든 무리를 쫓아가야 생존할 수 있다. 동물의 세계에서 이러한 행동 방식은 생존을 좌우한다. 그리고 군거(群居) 동물로 알려진 우리 사람의 내면에도 이러한 특성이 지금까지도 확고히 새겨져 있다.

현대사회에서 우리가 포식자와 마주하며 목숨을 잃을 위험은 거의 없다. 그런데도 우리는 여전히 무리를 좇는 것을 선호하며 집단이 주는 안정감에 취해 착각에 빠지곤 한다. 재정적으로 중요한 결정을 내려야 하는 상황이 생기면 주로 타인에게 조언을 구한다. 예컨대 독일 인구의 약 50%가 예금을 보유하고 있다. 확실히 예금은 가장 인기 있는 재테크 형태다. 지금까지 별도로 재테크하는 방식을 접해보지 못한 사람은 돈을 예금통장에 예치하는 방법을 가장 쉽게 떠올릴 것이다. '국민의 절반이 예금을 넣는데 달리 나쁠 이유가 있겠어?'라는 생각이 기저에 깔려 있다. 그렇게 예금이 이자가 거의 없는 수준이고, 실제로 훨씬 나은 방법이 존재한다는 사실은 간과해 버린다. 그러므로 무턱대고 타인의 조언을 따르다 보면 나중에 '내가 왜 이랬지?'라고 후회할 결정을 내릴 수도 있다.

사람들은 최대한 안전한 길을 택하기를 원하지만 결과적으로 정반대가 되는 경우가 허다하다. 그 결정이 틀렸다는 것을 직감했음에도 불구하고 그대로 감행하기도 한다. 이유는 간단하다. 다른 사람들도 모두 그렇게 하니까. 대중심리 현상을 분석한 많은 연구에서 발견한 흥미로운 사실이 있다. 사람들이 타인을 따라 하는 행동은 지속적이며, 종종 무의식적으로 일어난다는 것이다. 빨간 신호등일 때 길을 건너려고 기다리는 보행자들의 행동이 바로 그 고전적인 사례다. 한 명이라도 신호등을 어기고 무단횡단을 하면 그 뒤를 따라 건너는 사람들이 생긴다. 하지만 모두가 참을성 있게 기다릴 경우 대부분 신호가 바뀔 때까지 기다리려는 경향이 크다.

몇몇 진화학자들은 '함께 움직이려는' 이 현상을 독립적인 사고에 에너지가 소모되는 것을 방지하기 위해서라고 설명한다. 최대한 에너지 소모를 줄이면서 대처하는 속성은 인간의 생존 본능이자 예로부터 지금까지 내면에 깊이 뿌리를 내리고 있다. 하지만 다수가 가는 길이 항상 옳은 것은 아니므로 무작정 쫓다 보면 그로 인해 치명적인 결과가 이어질 수도 있다.

생판 모르는 타인보다 최측근들, 즉 친구, 가족, 지인이 우리에게 더 큰 영향력을 행사한다. 자산 관리 측면도 마찬가지다. 만약 1990년대 통신 주식에 투자했다가 쓰라린 경험을 겪은 지인이 있다면 유가증권 분야는 발도 담그지 않으려는 가능성이 높다. 저축한 돈을 합리적으로 따져보거나 다른 투자 방법은 전혀 고려하지 않고 당연히 저축예금이나 주택적금에 넣어버릴 것이다.

반면 누군가 하룻밤 사이에 백만장자가 되었다는 소리를 들으면 수천 명의 투자자가 지금까지 모아둔 돈을 쓰레기 채권(Junk Bond)에 넣을 수도 있다. 위험한 투자에 대한 심리적 장벽이 그만큼 낮아진 것이다. 2021년 2월 게임스톱(GameStop) 열풍이 그러한 예다. 당시 수십 명의 개인 투자자들이 레딧(Reddit)과 같은 온라인 커뮤니티를 통해 투자자들을 끌어모은 뒤 비디오게임 체인인 게임스톱의 주가를 완전히 비상식적인 수준으로 급등시켰다. 이 모든 것은 전문 헤지펀드들이 하락장에 베팅한 것을 무력화시키기 위한 명시적인 목표를 가지고 진행되었다. 이 과정에서 많은 사람이 힘들게 모은 돈을 하루아침에 날려버렸다는 사실은 쉽게 잊힌다.

마크 트웨인은 "자신이 다수에 속해 있다는 것을 깨달을 때마다 그간의 행보를 잠시 멈추고 정확히 되짚어봐야 한다."라고 말했다. 이 말의 핵심 메시지는 다수가 가는 길을 무작정 가지 않는 것이다. 물론 매번 대중의 의견에 맞서는 것 또한 비이성적이라고 덧붙일 수 있다. 스스로 생각하는 것, 그것이 바로 핵심이다. '충분히 고민한 결정'이란 각자의 생각을 기반으로 한다.

동료, 친구, 조부모와 같은 윗세대, 또는 온라인상에서 타인이 하는 말이 무작정 틀렸다는 의미는 아니다. 하지만 아무리 그럴듯하게 들려도 타인이 내놓은 전망이 내게 맞지 않는 경우가 생각보다 많은 것도 사실이다. 자신의 필요에 꼭 맞는 결정을 내리고 싶다면 남들이 아닌 자기 자신에게 초점을 맞추어야 한다. 타인에게 어떤 결정을 내리면 좋을지 물어보고 심사숙고하며 정보를 취합하는 방식도 좋다. 하지만 궁극적으로는 당신만을 위한, 당신에게 맞는 의견을 찾아야 한다.

물론 때때로 주류에 맞서려면 많은 용기가 필요하다. 하지만 자신의 판단력을 신뢰할 정도로 깨달음을 얻고 그 배경과 근거를 짚어보는 과정은 충분히 그럴 만한 가치가 있다. 이는 오롯이 자신의 힘으로 성취했다는 그 무엇과도 견줄 수 없는 뿌듯함으로 보상받을 것이다.

핵심 포인트:
## 금융에 관한 가장 흔한 오해부터 풀어라

---

- 당신이 직접 자산을 관리하더라도 충분히 많은 것이 보장되어 있을 것이다.
- 국가 연금만으로는 안정된 노후를 보장받을 수 없다. 연금 수준은 수년 전부터 계속 줄어들고 있다.
- 어릴 때 돈을 관리하는 법을 배울수록 당신에게 득이 될 것이다. 하지만 자신의 자산 상태를 제대로 파악하는 데 필요한 모든 지식은 나이와 상관없이 습득할 수 있다. 지금도 충분히 가능하다!
- 자산의 효과적인 투자를 위해 별도로 전문가를 고용할 필요가 없다. 금융 컨설턴트들로 인한 이해 충돌로 혼란만 늘어날 수 있으니 자신이 직접 자신에게 맞는 투자 설계를 강구해야 한다.
- 저금리 시대라고 낙담하지 말자. 50년 전에도 그랬었고, 지금도 당신의 돈을 합리적으로 불릴 수 있는 현명한 방법이 있다.

# 당신의 미래를 위한
# 투자 방향을 설정하라

당신이 꿈꾸는 미래를 위해 현재 투자 방향을 설정하기 위해서는 가장 먼저 근본적인 사고의 오류가 제거되어야 한다. 투자와 관련된 문제를 본격적으로 깊이 파고들기 전에 자신에게 다음과 같이 질문해 보자.

"투자를 통해 내가 달성하고 싶은 목표는 무엇인가?"

## 어떻게 목표를 설정하고 달성할 것인가

아마도 당신은 자신의 재정적 미래에 대해 생각해 본 적이 있을 것이다. 그러면서 머릿속에 모호한 소망이나 목표를 가졌을 것이다. 예를 들어, "내 자산을 제대로 관리하고 싶다"거나 "저축한 돈을 어떻게 관리해야 하는지 알고 싶다"는 식이다. 하지만 그런 식으로는 절대 소망하는 목표를 달성할 수 없다. 목표란 정확하게 명시되어야 하고 최대한 구체적으로 설명할 수 있어야 한다. 그래야 진정한 목표라고 할 수 있다.

그러려면 목표를 수치로 표현하고 계산할 수 있어야 한다. 이 조건이 충족되어야 실행으로 옮길 구체적인 단계를 계획할 수 있다. 기업에서 아무 이유도 없이 분기별 목표를 설정하는 것이 아니다. 학생들의 학습 목표도 마찬가지다. 언제나 목표를 올바로 세워야 성과를 얻을 수 있다. 이와 관련하여 미국의 베스트셀러 작가 지그 지글러(Zig Ziglar)는 "목적 없이 여기저기 돌아다니다가 어느 날 우연히 에베레스트산 정상에 서는 사람은 없다."라고 말했다.

왜 목표가 구체적이어야 더 좋은 성과로 이어질 가능성이 높아지는 걸까? 동기심리학에서는 목표를 정확히 규정하고 그것을 달성하는 데 필요한 구체적인 계획을 세운 사람들은 나아가야 할 궤도에서 쉽게 이탈하지 않기 때문이라고 한다. 목표는 나아가야 할 방향을 제시하며, 그 과정에서 다른 쪽으로 쉽게 눈을 돌리거나 조금 덜 중요한 것에 집중되는 상황을 예방한다. 목표란 직접 실천하게 만드는 동력이다. 꿈만 꾸며 아무것도 하지 않는 것이 아니다.

예컨대 '체중 감량을 하고 싶다'는 소원은 매년 가장 많이 등장하는 새해 목표 중 하나다. 하지만 그 목표가 구체적이지 않아 그 해 중반이 되기도 전에 접어버리는 경우가 허다하다. 내 결혼에 들러리를 서준 지인은 훨씬 구체적인 목표를 세웠다. 내 결혼식까지 정장 바지가 잘 맞도록 3주 안에 정확히 5kg, 즉 주당 1.6kg 감량하겠다고 선언했다. 그리고 그런 그의 공약은 효과가 있었다! 이렇듯 체중 감량을 계획할 때처럼 나의 자산과 관련된 미래를 계획할 때도 구체적이고 정확해야 한다. 그러기 위해서는 먼저 다음 같은 가장 중요한 질문을 자신에게 던져야 할 것이다.

### 당신은 무엇을 꿈꾸는가

당신의 꿈이 무엇이냐는 질문은 그저 여름휴가를 어디서 보내고 싶은지, 또는 사고 싶은 스니커즈가 무엇인지 묻는 것이 아니다. 당신이 원하는 인생이 어떤 모습인지 묻는 것이다. 어쩌면 한적한 곳에 집을 짓고 세 자녀와 함께하는 소소한 일상을 꿈꾸고 있을지도 모른다. 또는 달랑 노트북 하나 들고 전 세계를 방방곡곡 누비며, 발길 닿는 곳에서 일할 수 있기를 소망할 수도 있다. 또 독립하여 세운 회사의 대표가 되고 싶을 수도 있다. 안정된 연봉을 선호한다면 노후 대책을 든든하게 준비해 두고 싶을 수도 있다.

   당신은 어떻게 살기를 바라는가? 그리고 어디에서 살고 싶은가? 희망하는 환경을 상상하고 그려보는 과정도 매우 중요하다. 한적한 시골과 시끌벅적한 대도시 중 어느 곳에 끌리는가?

   올바른 목표 설정을 하려면 먼저 이런 질문의 답을 명확히 찾는 것이 무엇보다 중요하다. 앞으로 당신이 바라는 라이프스타일에 따라 세워야 하는 재정 계획이 달라지기 때문이다. 그 사람의 인생을 좌우하는 라이프스타일은 매우 중요한 역할을 한다. 조기 은퇴와 재정적 자유를 목표로 세운 사람들, 즉 프루갈리스트(frugalist)들이 실천하는 극도로 검소한 생활방식부터 럭셔리한 인생을 즐기는 호화로운 생활까지 그 스펙트럼은 매우 광범위하다. 이렇게 양극화된 두 극 중에서 당신이 서 있는 위치에 따라 소비 패턴이 매우 달라질 것이다.

계획을 세울 때는 자산의 유동성을 감안해야 한다. 하지만 자산을 전부 수중에 쥐고 있고 싶든, 해외에서 3년 살이를 해보고 싶든, 어찌 됐든 먼저 목표가 설정되어야 한다. 그리고 그 계획을 실현하려면 그에 걸맞은 예산이 있어야 한다. 그러기 위해서는 우선 자산의 유동성을 어느 정도 확보해야 한다. 이를테면 특정 지역의 부동산 투자로 자금이 묶여 있는 상태가 아니어야 가능하단 말이다. 또한 보유한 자산을 해외로 움직일 수 있어야 할 것이다. 설령 그 목표가 확실한 20년짜리 장기 투자 계획을 실천하는 것이 아닐지라도 자산 관리는 무조건 선행되어야 한다.

### 꿈에 걸맞은 목표 설정하기

다음 단계는 당신의 소망이 막연한 꿈으로 남지 않도록 그에 걸맞은 목표로 재설정하는 것이다. 예를 들어, 다시 한번 외국살이를 해보고 싶은 소망이라면 다음과 같이 재구성해 볼 수 있다. "적어도 2년 안에 안식년을 신청하여 남아메리카에서 살아보고 싶어." 또는 진정한 경제적 자립을 꿈꾸는 일반적인 희망 사항이라면 목표를 다음과 같이 설정할 수 있다. "국가에 의존하지 않고 내 연금을 수령해서 안정적으로 살고 싶어."

재정적인 측면에서 유동적이고 탄탄한 목표를 세우고 싶다면 그 또한 최대한 구체적으로 세워야 한다. 나는 갑작스러운 실직처럼 예기치 못한 상황에 대처하기 위해 재정적 기반을 닦아놓으려는 것인가? 아니면 훗날 한적한 지방 도시로 이주하여 아무 일도 하지 않고 편안한 생활을 하길 원하는 건가? 그것도 아니면 최고급 자동차나 고가의 예술 작품처럼 마음을 끌어당기는 것들을 사고픈 욕구 때문일 수도 있다.

보다시피 목표가 구체적일수록 규모의 차이가 확연히 나타난다. 연금이라는 주제만 봐도 그렇다. 연금을 보충해 매달 300유로(약 47만 원) 정도를 추가로 받는 것과, 완전한 경제적 독립을 달성하여 조기 은퇴를 하는 것을 목표로 할 때 차이가 있다. 그러려면 필요 자본이 일찍이 예비되어야 할 뿐만 아니라 투자 금액도 확실히 더 많이 확보되어야 한다.

그러므로 목표 달성을 위해서 틈틈이 메모하라. 이것이 재정적 목표의 당락을 좌우하는 첫 번째 규칙이다. 염두에 두고 있는 것이 있다면 무엇이든 항상 메모하는 습관을 길러야 한다. 유수한 연구 결과에 의하면 목표를 글로 써서 남길 경우 그것을 끝까지 추진할 가능성이 높다고 한다.

목표를 설정했다면 그 계획을 꼼꼼히 계산해 보아야 한다. 실제로 그 목표를 달성할 가능성이 얼마나 되는지, 또는 어떤 방식을 택해야 할지 가늠해 보는 것이다. 그러려면 우선 필요 자금이 얼마나 되는지 계산해 봐야 한다. 다음의 질문과 대답을 참고하여 당신이 나아가려는 방향을 찾아보자.

1. 나의 목표는 무엇인가?
   → 은퇴 후 매달 250만 원 이상의 소득 달성
2. 언제까지 이 목표가 달성되어야 하는가?
   → 67세(은퇴 시점)
3. 이 목표를 달성하려면 자본이 얼마나 필요한가?
   → 매월 250만 원 정도의 수익
4. 이 목표를 달성하려면 무엇을 해야 할까?
   → 매월 소득에서 정해진 금액을 저축하고 투자하기

**당신의 목표는 현실적인가**

마지막 질문에는 이어질 다음 단계가 무엇인지 힌트가 숨어 있다. 목표 달성을 위해 해야 할 일, 또 심사숙고해야 하는 부분 그리고 목표의 현실성과 같은 질문이 있어야 한다. 이번 장에서는 다음의 내용을 살펴볼 것이다.

**목표 자산을 계산하라**

은퇴 후 연금을 매월 250만 원 정도 받으려면 자산이 얼마나 필요할까? 이 금액을 산출하려면 우선 기대수명을 추정해야 한다. 기대수명이 84세라고 가정해 보겠다. 참고로 목표 금액을 계산하기 위해서 연금격차 계산기를 활용할 수 있다. 단순 계산을 위해 예상 연금을 0원으로, 희망 연금을 250만 원으로 설정해 보자. 보통은 본인의 예상 연금을 먼저 계산하고 은퇴 후 받고 싶은 희망 연금을 설정하는 것이 일반적이다. 예상 연금과 희망 연금의 차이가 바로 연금 격차다. 그리고 목표 자산은 이 격차를 줄일 방법을 제시한다. 다시 말해 은퇴 후 연금을 받기 전까지 마련해야 하는 금액을 말한다.

### 저축률을 계산하라

목표 자산을 달성하려면 매월 얼마나 저축하고 투자해야 할까? 그것은 현재 당신의 연령과 기대수명 그리고 현재 저축하고 있는 돈을 운용하는 방식, 즉 투자로 수익을 얼마나 올리고 있는지에 달렸다.

다음 페이지 도표의 예시처럼 당신이 지금 30세이고 기대수명은 84세이며, 67세에 은퇴할 예정이라고 가정해 보자. 당신에게는 목표 자산을 달성하기까지 37년이라는 시간이 남아 있다.

앞서 언급했던 250만 원의 예시를 다시 적용해 보자. 67세부터 이 금액을 수령하려면 당장 매월 26만 7천 원을 꼬박꼬박 저축해야 한다. 희망 연금 수령액은 당신이 저축하는 돈에 세후 평균 연 5%의 수익률이 달성되어야 가능하다. 어쩌면 매우 얼토당토않은 소리처럼 들릴 수도 있다.

| 연금 격차 계산 | |
|---|---|
| 연금 수급 개시 연령 | 67세 |
| 기대수명 | 84세 |
| 연금 수급 기간 | 17년 |
| 매월 메워야 하는 연금 격차 | 250만 원 |
| 필요 자산 | 약 3억 4309만 원 |

| 필요 저축률 계산 | |
|---|---|
| 현재 나이 | 30세 |
| 저축 기간 | 37년 |
| 연금 수급까지의 예상 수익률(연간) | 5%(세후) |
| 매월 저축액 | 약 26만 7천 원 |

연금 격차를 줄이기 위한 저축률 계산

하지만 이 책의 후반부에서 나는 이것이 지극히 현실적으로 가능한 일임을 증명할 것이다.

만약 당장 벌어들이는 수입으로는 매월 26만 원을 저축하기가 힘들다면 어떻게 해야 할까? 그럴 경우 목표를 다소 수정하여 개인연금 확보액을 200만 원으로 낮추는 방법이 있다. 그러면 목표 자산을 위한 저축액도 매월 약 21만 4천 원으로 줄어든다.

당분간 목표를 축소하더라도 경제적 여건이 개선되면 언제라도 다시 상향 조정하는 것이 가능하다. 예를 들어 연봉 인상 또는 당신을 힘들게 한 대출 완납으로 좀 더 여유가 생기면 다시 조정해도 좋다. 지금보다 더 많은 돈을 몇 개월 또는 몇 년 동안 저축할 수 있다고 판단되면 월 납입금을 올려도 좋다. 또 그에 준하여 은퇴를 위해 계획한 목표 자산도 다시 상향 조정하면 된다.

## 당신이 바라는 예상 연금은 얼마인가

은퇴 후 필요한 노후 자금으로 국민연금만 바라보는 사람들이 생각 외로 많다. 훗날 때가 되어 매월 지급받을 예상 연금을 계산하는 것은 자신의 희망 연금을 산정하는 데 도움이 될 수 있다. 물론 연금 결정서에 실제로 기재될 금액은 정확히 계산할 수 없다. 그때까지 관련 법규가 계속 개정될 것이며, 연기금이 얼마나 충당되어 있을지, 또 당신의 소득이 연도별로 어떻게 변동되는지에 따라 달라질 수 있기 때문이다. 하지만 적어도 추후에 수령하게 될 대략적인 금액은 확인해 볼 수 있다.

### 연금 정보

독일연금보험은 27세 이상의 국민 모두에게 노령연금 예상 수령액이 명시된 고지문을 매년 발송하고 있다. 연금 수령액은 피보험자가 납부한 보험료에 기반하여 산출된다. 연금 계산기를 사용하여 추후에 수령할 연금을 직접 계산할 수 있다.

## 미래를 빈틈없이 계획하기란 불가능하다

미래를 위해 계획을 아무리 구체적으로 세워도 모든 것이 순조롭게 흘러가지는 않는다. 인생을 살아가면서 정말 간절하다고 여겼던 당신의 소망과 계획이 변할 수도 있기 때문이다. 이제는 가정을 꾸리고 싶다는 생각에 그때까지 간절히 바랐던 세계 여행을 더는 원하지 않을 수도 있다. 또는 꿈꾸던 자영업은 뒷전으로 미루고 안정적인 직장을 찾을지도 모른다. 인생이란 그렇게 때때로 예기치 못한 상황과 마주치는 일의 연속이다.

가격 상승도 여기에 해당한다. 매년 상품과 서비스 가격은 인상되고 있다. 그러므로 나이가 들수록 아마 당신은 생각했던 것보다 더 많은 돈이 필요할 것이다. 또 살다 보면 계획하지 않았던 깜짝 지출이나 손실이 생기기도 한다. 부모님 중 한 분이 편찮으시거나 아이를 낳았을 때, 운영하던 회사가 잘 굴러가지 않을 때처럼 말이다. 반대로 갑작스러운 승진으로 소득이 늘어나기도 한다. 하지만 앞으로 당신의 수명이 얼마나 될지는 예측할 수 없다. 매월 수령할 연금을 산출할 때는 정해진 수명을 바탕으로 계산되는데, 만약 그 나이보다 오래 산다면 최종 수령액은 더 줄어들 것이다. 또한 앞으로 수십 년의 세월이 흐르면 금융 및 세금 체계도 변할 것이다. 아니면 강력한 금리 인상으로 누군가에게는 매력적인 투자 기회가 되고, 누군가에게는 막심한 손해를 안겨주는 시기가 올 수도 있다. 그 밖에도 향후 관련 법규 개정으로 연금 수령 연령이 지금보다 높아질 수도 있다.

그러므로 어떻게 해도 인생을 완벽하게 계획할 방법은 없다. 그럼에도 목표를 설정하고 그것을 달성하기 위해 노력하는 태도는 당신이 바라는 인생을 실현하는 데 매우 중요한 역할을 한다. 다만 항상 유연한 태도를 유지해야 한다. 특히 자신이 세운 목표 달성을 위해 노력하며, 필요하다면 상황에 따라 목표를 재설정해야 한다. 예컨대 매년 정기적으로 인생의 동반자와 함께 재정 상태를 검토해 본다면 가장 좋을 것이다. 당장 미래가 불투명해 보여도 반드시 달성해야 할 재정 목표를 설정하길 바란다. 목표를 수치로 표현하는 순간 비로소 달성 가능한 가치가 된다.

### 최대한 빨리 시작하라

시간은 돈이다. 특히 당신의 미래를 위해 세우는 재정 설계라면 더더욱 그렇다. 달성할 시간이 넉넉할수록 목표를 이루기가 훨씬 수월할 것이고 그 성과 또한 좋다. 젊을 때부터 저축과 투자를 시작하여 수십 년간 이어간다면 당신의 최종 자산은 훨씬 더 증가할 것이다. 단순히 저축 기간이 더 늘어나서만이 아니다. 복리 이자 효과가 적용되기 때문이다.

**복리 효과란?**
저축을 오랜 기간 예치해 두면 기존 이자에 새로운 이자가 더해져 복리 효과가 발생한다. 말하자면 이자에 붙은 이자 수익인 셈이다. 이는 현금을 투자한 형태의 모든 수익에 적용된다. 복리 효과는 투자 기간이 길수록 더 커진다. 예컨대 100만 원을 납입한 후, 매년 투자금의 5%를 이자로 받는다고 가정해 보자. 첫해가 지나면 5만 원의 이자가 지급된다. 이 5만 원을 인출하지 않고 그대로 두면 그 금액이 재투자되어 투자금은 105만 원으로 늘어난다. 그다음 해에는 이 예치금에 5% 이자가 또 더해진다. 그렇게 105만 원은 1,102,500원이 된다(105×1.05). 결국 당신이 처음 예치한 100만 원뿐만 아니라 5%의 이자 수익에도 2,500원이라는 이자가 붙는 것이다. 언뜻 보면 상대적으로 미미한 액수 같을 것이다. 그렇지만 투자 기간이 20년이 지나면 처음 불입한 100만 원은 총 265만 원으로 늘어난다. 즉, 100만 원에 대한 이자 수익과(20회×5만 원) 65만 원의 복리 수익이 생기는 것이다.

복리 효과는 예치 기간이 길수록 그 효과가 배가 된다. 다음 페이지 도표를 보자. 독일에 사는 마리와 마크의 경우다. 현재 25세인 이들이 65세부터 연금 수령을 원한다고 가정해 보자. 두 사람은 매월 100유로씩 저축했고, 매년 5%의 수익이 생겼다. 차이가 있다면 마리는 25세부터 투자를 시작했지만, 거의 10년을 망설이던 마크는 35세가 되어서야 재테크에 뛰어들었다. 결국 은퇴 후 마크는 가까스로 9만 유로 정도를 손에 쥐게 된다. 반면 마리의 자산은 훨씬 가파르게 늘어나 16만 유로가 넘었다. 마크보다 약 7만 유로가 많은 자산이다.

마크가 저축을 망설이던 10년의 기간 동안 마리가 투자한 금액은 불과 1만 2천 유로에 불과했다. 이는 투자 후 20년이 흐르면

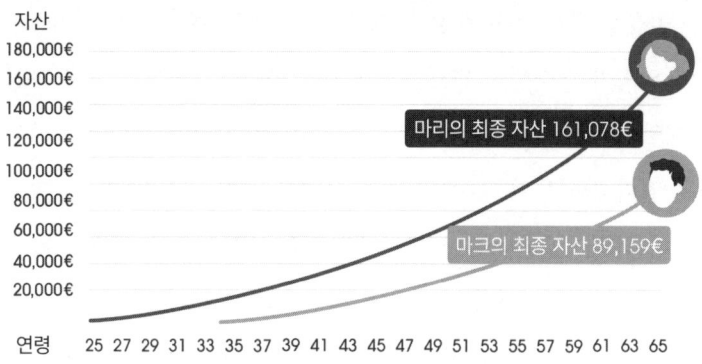

**매월 100유로씩 저축할 때 최종 자산 추이**

그 격차가 확연해지는 복리의 힘을 제대로 설명해 준다. 당신도 직접 이를 검증하고 자신을 위한 다양한 시나리오를 그려볼 수 있다. 월 50만 원씩 20년을 저축한다면 최종 금액은 얼마나 될까? 만약 저축액을 100만 원으로 늘린다면?

## 현재 당신의 재정 상황을 파악하라

돈을 잘 버는 사람일수록 자신의 재정 상태가 좋은 편이라고 확신한다. 당장 딱히 애쓰지 않아도 편안한 삶을 누리고 있는데 굳이 미래를 걱정해야 할 이유가 있을까? 하지만 대단한 착각이 아닐 수 없다. 지금의 소득 규모가 당신의 재정 상황을 보여주는 척도는 아니다. 중요한 것은 당신이 모아둔 예비금이나 자산이다.

미래를 위한 계획을 설계하려면 재정적인 측면에서 지금 당신의 위치가 어디인지 반드시 파악해야 한다. 지금까지 어떤 자산을 얼마나 모아두었는가? 그것을 위해 현재 지출하고 있는 비용은 얼마나 되는가? 당신의 재정 상태를 점검하고 정확하게 파악해야 한다. 그래야 현실적인 저축률을 설정하고, 불필요한 지출을 없애며, 결국 심사숙고 끝에 완성한 재정 계획을 제대로 실천할 수 있다. 그러므로 자산 형성 과정의 가장 중요한 이 단계부터 시작해 보자. 다른 누구보다 당신 스스로 자신의 재정 상황을 제대로 알 수 있어야 한다.

**실제로 보유한 순자산이 얼마나 되는가**

재정적인 측면에서 당신의 위치가 어디인지 알려주는 지표는 통장 잔액이 아니라 바로 순자산이다. 순자산이란 소유한 모든 것을 합산한 뒤 타인에게 빌린 금액을 차감하여 계산한다. 이는 기업의 대차대조표와 매우 유사하다. 결산 시기가 도래하면 기업은 보유 자본과 부채를 서로 대조한다.

순자산을 산출하려면 우선 보유한 자산 가치를 전부 합산해야 한다. 이를테면 적금 또는 정기예금 계좌에 있는 예금, 생명보험이나 연금보험 또는 기업 연금에 납입한 금액까지 전부 포함시킨다. 이때는 최근 평가 금액을 기준으로 삼는 것이 타당하다. 만약 주택적금에 가입했다면 최종 계좌 잔액을 바탕으로 계산하며, 주식이나 채권 같은 유가증권에 투자했다면 그 금액 역시 반영해야 한다. 이때도 해당 증권의 최근 시세를 기준으로 삼는다. 자산 범주로는 부동산, 자동차, 예술품, 보석 또는 다른 유형 소유물도 포함된다.

이 전체 합산 금액에서 채무, 즉 당신이 빚진 모든 것을 차감한다. 이를테면 마이너스 대출이나 신용카드 미청구 금액처럼 일시적으로 발생한 단기 부채까지 전부 포함시킨다. 거기에 다른 미지급 청구서나 은행에서 대출받은 금액 또한 포함시킨다. 대부분 채무의 가장 큰 비중은 수년에 걸쳐 상환해야 하는 학자금 대출 또는 주택담보대출이 차지한다. 덧붙여 각종 대출이자도 반영되어야 한다.

한 달에 한 번 정도 정기적으로 자신의 자산 상태를 측정해 보는 것이 좋다. 이를 통해 시간에 따라 자신의 자산 상태가 어떻게 변하고 있는지 가늠할 수 있다.

| 자산 | 부채 |
|---|---|
| 🏛 은행 예금 | 📱 신용대출 |
| 💚 생명보험 | 🚗 자동차 리스 |
| 🏠 주택적금 | 🏡 부동산 담보 대출 |
| 📈 증권 계좌(주식, ETF 등) | 🛒 소비자 신용대출 |
| 🏢 부동산 | 💳 신용카드 채무 |
| 🎨 수집품 및 유가물 귀중품 | |
| 자산-부채=순자산 ||

순자산 산출을 위한 자산과 부채 내역

## 가계부를 활용하라

두 번째 단계는 자산 형성 과정에서 당신의 잠재된 가능성을 발견하는 것이다. 이를 위해 우리는 비즈니스 전문 용어로 '현금 흐름(Cash flow)'을 살펴볼 것이다. 말하자면, 매월 당신의 수입과 지출은 얼마인가, 마지막에 따로 저축 가능한 여윳돈이 얼마나 남는가, 그 금액을 늘릴 방법이 있는가 등을 살피는 것이다.

우선 소득부터 살펴보자. 여기에는 고정 수입과 임대 소득, 아동 수당 또는 그 밖의 기타 수당 등 통장에 입금되는 모든 수입이 포함된다. 소득 내역은 은행 앱을 이용하면 빠르게 계산할 수 있다.

반면 지출 내역은 고정 및 변동 지출로 나뉘는데, 많은 사람이 자신의 지출 내역을 제대로 파악하지 못하는 경우가 빈번하다. 고정 지출에는 임대료, 통신비, 정기구독료, 보험료 등이 포함된다. 변동 지출에는 주말 쇼핑 비용, 영화 관람과 같은 여가 활동 비용이나 취미 생활을 위한 지출, 이를테면 자전거, 일렉기타, 전문가용 고급 낚싯대 구매 비용 등이 이에 해당된다. 이외에 일상적인 쇼핑이나 오가는 길에 매일 사 마시는 음료도 포함된다.

이러한 지출 내역을 머릿속에 떠오르는 대로 더하며 합산하기란 거의 불가능하다. 하지만 내역을 한눈에 살펴볼 수 있는 확실한 수단이 있다. 바로 가계부다. 자칫 구두쇠처럼 들릴 수도 있지만 실제로 가계부는 그 사람의 재정 상태를 확인하는 데 매우 이상적인 도구다. 기본적으로 매월 벌어들이는 소득과 지출을 목록으로 기록하며, 그것을 토대로 차액만 계산하면 된다. 이렇듯 가계부를 활용하면 매월 남은 돈과 투자 가능한 자금이 얼마나 되는지 한눈에 확인할 수 있다.

가계부를 작성하는 방법은 당신에게 달렸다. 종이와 펜으로 직접 작성하는 고전적인 방식부터 스마트폰에서 가계부 앱을 활용하는 방법도 있다. 나도 1년 반 동안 버젯 앱(Budget App)으로 가계부를 작성해 왔다. 매월 내 돈이 적재적소에 제대로 쓰이고 있다는 기분을 만끽하기 위해서였다.

하지만 가계부를 작성하면서 얻은 깨달음에 적지 않은 충격을 받았다. 첫째, 나는 훨씬 검소한 생활을 하는 줄 알았는데 아니었다. 둘째, 매월 한두 번의 큰 지출이 잔고에 부담을 주고 있음을 깨달았다. 가계부를 작성하기 전까지는 미처 알지 못했던 부분이었다. 나는 지출의 대부분을 음식과 여행에 투자했지만, 지인들의 생일이 세 번이나 있던 어느 달에는 선물을 사는 데만 제법 많은 돈이 지출됐다. 물론 그런 지출이 적절하지 않았던 것은 아니다. 다만 가계부를 작성하다 보니 돈을 쓰려고 할 때 그 순간이 적절한지 또는 참아야 하는지 파악하는 데 큰 도움이 되었다. 특히 가계부는 지출 내역을 보고 특정 소비 패턴을 파악할 때 매우 유용한 도구임이 확실하다.

물론 가계부를 작성할 때 나처럼 수년 동안 모든 쇼핑 내역과 커피 구입 내역을 일일이 기록해야 하는 것은 아니다. 하지만 수입과 지출을 제대로 파악하려면 적어도 3개월은 꾸준히 작성해야 한다.

가계부를 소급하여 작성하는 것도 가능하다. 지난 몇 개월간의 통장 인출 내역을 확인하고 지출 내역과 맞춰본다. 아마 당신이 지출한 금액은 매월 똑같지 않았을 것이다. 특히나 자영업자라면 소득 또한 일정하지 않을 수 있다. 그렇더라도 지출 내역의 월평균 액수를 계산하는 것은 가능하다. 거기에 크리스마스 선물, 자동차 세금이나 여름휴가 비용처럼 1년에 한 번 발생할 수 있는 지출까지 고려할 수 있다.

## 저축의 기술

당신의 재정 상태를 알고, 순자산과 월별 지출이 얼마나 되는지 제대로 파악했다면, 다음 단계는 당신이 얼마나 저축할 수 있고, 해야 하는지를 살펴보는 것이다. 하지만 그전에 당신에게 한 가지 질문이 있다. 당신에게 절약이란 무엇을 의미하는가?

절약을 해야 한다고 해서 밤낮으로 통조림만 먹거나, 여름휴가에도 값싼 캠프장만 가야 하는 건 아니다. 오히려 정반대다. 진정한 의미의 절약에는 자신에게 득이 되거나 진실한 기쁨을 선사하는 것에 제대로 돈을 쓰는 것도 포함된다. 그러므로 무조건 허리띠를 졸라매라는 뜻이 아니라 매달 정해진 금액을 당신의 현재와 미래를 위해 별도로 모아두자는 것이다. 그런 뒤에도 돈이 남는다면 원하는 대로 써도 좋다.

저축이란 주로 '단념', '포기'와 동일시되곤 하지만 진지하게 생각해 보면 그 말이 틀렸다는 것을 알 것이다. 저축이란 사실 굉장한 것이다. 무엇보다 당신이 자신에게 돈을 지불하는 것이기 때문이다. 평소 집주인에게 임대료를 지불하거나 생필품을 구매한 뒤 마트 계산대에서 결제할 때처럼 말이다. 거대한 산처럼 여겨지던 학자금 대출을 상환하는 과정에서 내가 그랬듯이 저축은 사고방식에 따라 즐거움이 될 수 있다.

월초가 되면 하루에 열 번 넘게 인터넷뱅킹 계좌에 접속하던 때가 떠오른다. 당시 나는 어떻게든 최대한 빨리 대출을 상환하고, 투자를 시작하고 싶은 마음이 굴뚝같았다. 그래서 급여가 입금되면 다음 상환일까지 기다리기가 매우 힘들었다. 그때 내가 무언가를 단념하고 있다는 기분은 전혀 들지 않았다. 이는 단념이 아니라 투자였다.

일반적으로 저축으로 기분이 좋아지고 흐뭇해지는 상태에 이르려면 저축을 시작한 후 어느 정도 기간이 지나야 한다. 저축을 시작하고 몇 개월이 흘러 최소 몇백만 원 또는 몇천만 원이 모이면, 불투명한 미래가 닥쳤을 때 그 돈으로 자신을 구할 수 있다는 깨달음으로 마음이 한결 편안해질 것이다.

## 저축액과 저축률은 이렇게 계산하라

만약 당장 정해놓은 목표가 없다면 최대한 많이 저축하는 것이 좋다. 당신은 얼마나 저축할 수 있는가? 지난 몇 개월 동안 가계부를 작성했거나 지난 3개월간의 통장 지출 내역을 살펴본다면 당신의 수입과 지출 내역을 쉽게 대조할 수 있을 것이다. 그 차액이 당신의 잠재적인 저축액이다. 다시 말해 매월 당신이 저축을 위해 별도로 마련할 수 있는 금액인 것이다.

하지만 그 정도면 충분한지 어떻게 알 수 있을까? 이와 관련하여 저축률을 활용하면 올바른 방향을 설정할 수 있다. 저축률은 매월 벌어들이는 세후 소득으로 저축액을 나누어 계산한다. 예컨대 소득이 세후 320만 원이고, 그중 매월 64만 원을 별도로 모아 두고 있다면 저축률은 20%다. 이는 자산 축적에 기여하는 매우 유의미한 수치라고 할 수 있다. 재정적 안정을 위한 최소치는 세후 실수령액의 10%다. 만약 더 나아가 저축률이 30%거나 그 이상일 경우, 다시 말해 100만 원 이상 저축한다면 더할 나위 없을 것이다. 당연히 많이 저축할수록 훨씬 더 좋다. 일반적으로 저축률 30%를 달성하기란 사회 초년생일 때가 훨씬 수월하다. 그 시기에는 그만큼 저축한다고 해서 생활의 많은 것을 절제해야 하는 것은 아니기 때문이다. 더욱이 첫 직장에서 다소 절약하는 생활이 몸에 밴 사람이라면 소득이 늘어나면서 생긴 돈에서 일부를 뚝 떼어 투자하는 것이 그리 어렵지 않을 것이다.

소득 수준에 변화가 생길 때마다 소비 수준도 함께 상승하기 때문에 무엇보다 자신에게 맞는 저축률을 설정하는 것이 매우 중요하다. 연 소득이 억 단위인 사람이 $20m^2$ 공공임대 아파트에 사는 경우는 극히 드물다. 일반적으로 소득이 많으면 그만큼 돈을 더 많이 쓰는 경향이 있다. 임대료, 여행 또는 외식에서도 그런 경향이 두드러진다. 그럴수록 나중에도 동일한 생활수준을 유지하려면 더 많은 돈을 예비해 두고 투자해야 한다.

### 저축을 습관화하라

이제 당신은 매월 저축해야 할 금액도 정했다. 이제 중요한 것은 이 계획을 실제로 실행하는 것이다. 가장 좋은 저축 방법은 무엇일까? 물론 자신만의 철칙에 따라 행동하고, 쓰고 남은 돈을 저축할 때마다 자신이 정한 저축률을 맞출 수 있을지 두 번씩 되짚으며 납입할 수도 있다. 그러다 보면 월말에 급여에서 남은 돈을 마지못해 저축하는 사태가 발생하기도 한다. 아니면 애초에 이런 절망적인 절차를 거부하고, 처음부터 고통스럽지 않을 방식으로 똑똑하게 저축할 수도 있다. 솔직히 저축할 때 필요한 것은 철두철미한 철칙이 아니라 효율적인 시스템이다. 좀 더 자세히 설명하자면 각기 다른 용도로 만든 계좌를 적극적으로 활용하는 시스템이다.

그 이면에 깔린 개념은 소비를 자산 형성, 그러니까 저축 및 투자와 엄격히 구분하는 것이다. 이를 위해서는 각기 다른 용도의 계좌를 활용하여 급여가 입금된 후 손을 대지 않아도 자동으로 이체되게 해야 한다. 이 방법은 월말에 남은 금액을, 상황에 따라 전혀 남지 않을 수도 있겠지만, 오롯이 그 금액만을 저축하는 경우보다 확실히 효과적이며 한결 마음을 편안하게 해준다. 매번 저축할 돈이 얼마나 남았는지 골머리를 싸매지 않아도 된다. 자동이체로 등록한다면 훨씬 더 자유로움을 누릴 수 있을 것이다. 매월 목표액을 채웠는지 전전긍긍할 필요 없이 안심할 수 있기 때문이다. 저축액을 제외한 나머지는 원하는 대로 마음 편히 지출해도 좋다. 그러면 저축을 위해 무언가를 절제한다는 기분이 당신을 괴롭히는 일 따위는 없을 것이다.

최상의 방법은 계좌 3개를 효율적으로 활용하는 것이다.

통장 1: 급여 및 지출 통장(체크 계좌)
통장 2: 비상금 통장(보통예금 계좌)
통장 3: 자산 통장(투자 계좌와 연결된 정산 계좌)

**통장 1**

급여 및 지출 통장이란 일반적인 체크 계좌를 말한다. 여기에 당신의 급여가 입금되고, 고정 및 변동 지출이 정산된다. 이 첫 번째 계좌에서 미리 설정해 둔 저축액이 자동으로 이체되어야 한다. 매월 급여가 입금되고 하루나 이틀이 지난 날짜에 당신이 정한 저축률에 따른 금액이 두 번째 통장으로 이체되도록 자동이체를 걸어놓는다. 무엇보다 자동이체가 가장 좋은 방법이다. 급여가 입금된 후 자동이체일과의 간격이 되도록 길지 않도록 설정하는 것이 중요하다. 그래야 정해놓은 저축률을 지키지 못할 정도

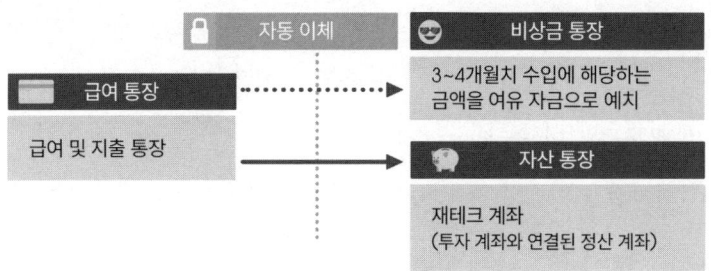

자산의 자동 축적을 위한 3-통장 시스템

로 '소비'하려는 시도조차 할 수 없기 때문이다. 매월 통신비와 보험료 결제를 위해 자동이체를 걸어놓은 것처럼 이제 자신의 미래를 위해서도 자동이체로 돈을 보내는 것이다.

**통장 2**

두 번째 통장은 '비상금 통장'이다. 본격적인 재테크에 돌입하기 전에 재정적 난관에 빠지는 불상사를 예방하려면 비상금이 충분해야 한다. 그러므로 저축액이 우선 이 두 번째 통장으로 이체되게끔 설정한다. 이 통장에 당신이 매월 사용하는 지출과 별개로 비상금을 마련해 두는 것이다. 비상금은 단위가 큰 수리비나 갑작스러운 실직으로 예기치 못한 지출이 생겼을 때 사용하는 재정적 쿠션이다. 본격적인 재테크를 시작하기 전에 꼭 비축해 두어야 하는 예비비이기도 하다. 갑자기 자동차를 수리해야 해서 수리비가 긴급한데 급여 전체를 다 썼거나 투자한 상태라면 울며 겨자 먹기로 마이너스 통장을 활용할지, 또는 높은 금리의 단기

대출을 써야 할지 골머리를 앓을 것이다. 재테크를 하려면 일반적으로 3~4개월치 수입에 해당하는 금액을 비상금으로 따로 예비해 두는 것이 좋다.

예비금을 마련할 때는 비상금 통장을 적극적으로 활용하는 것이 좋다. 이 통장에 예치된 예금에는 이자가 거의 생기지 않지만 어차피 이자가 목적이 아니다. 무엇보다 중요한 것은 보통예금 통장의 유동성을 확보하여 비상시 필요한 자금을 신속하고 원활하게 사용하는 것이다.

**통장 3**

세 번째 통장은 자산 형성용 통장이다. 예비금이 어느 정도 모였다면, 다음 단계로 재테크를 위한 자금을 마련해야 한다. 이때도 다른 용도로 돈을 지출하려는 유혹에 빠지지 않도록 처음부터 필요한 지출과 비상금을 분리하여 마련해야 한다. 비상금 통장에 3~4개월치의 수입에 해당하는 금액이 쌓이면 자동이체를 설정하여 정해진 금액을 세 번째 통장인 자산 통장으로 이체한다. 더 명확히 구분하려면 아예 자산 통장을 기존의 두 통장과 다른 은행에 개설하는 것도 좋다. 여기서 핵심 포인트는 통장에 있는 돈을 쉽게 지출하지 못하도록 설정하는 것이다.

만약 준비한 종잣돈을 주식에 투자하고 싶다면 이 자산 통장을 증권 계좌와 연결해야 한다. 이 시점부터 증권 계좌로 유입될 자금은 전부 이 계좌에 쌓이도록 한다. 이때부터 투자는 당신의 몫이다. 아니면 중개업체에서 개설한 투자 계좌를 자산 통장으로 사용할 수도 있다. 이 경우 매월 두 번째 통장에서 투자 금액을 곧장 이 계좌로 이체한다.

여러 통장을 활용한 모델은 각기 다른 상황에 맞춘 여러 가지 변형 버전이 존재한다. 예컨대 기혼인 경우 공동 생활비 지출을 위해 첫 번째 소비 통장을 공유하는 경우가 빈번하다. 하지만 개인별 지출은 자동이체를 활용하여 공동 통장에서 개인 통장으로 이체한 후 사용할 것을 권고한다. 프리랜서와 자영업자라면 일반 체크 통장, 비상금 통장, 자산 통장 외에 사업용 통장을 추가로 개설하여 앞으로 납부해야 할 세금을 별도로 적립해 둬야 한다. 그래야지만 소득세와 부가가치세를 납부하는 정기 결산일에 해당 자금이 부족한 상황을 피할 수 있다.

공동 계좌가 없는 미혼이라면 자산을 명확하게 관리하고 효율적인 재테크를 하는 데 3-통장 모델만으로 충분하다.

### 저축 부스터를 활용하라

저축을 늘리는 데 유용한 비법이 있다. 생활수준을 소득 수준에 비해 다소 완만하게 높이는 것이다. 급여가 인상될 때마다 저축률을 상향 조정하라. 예컨대 월급이 약 32만 원 인상되었다면 곧장 절반을 저축분으로 정한다. 그러면 매월 16만 원을 추가로 저축하는 것이 가능하다.

장기적으로 보면 이런 식의 '저축 부스터'는 다음의 도표에서

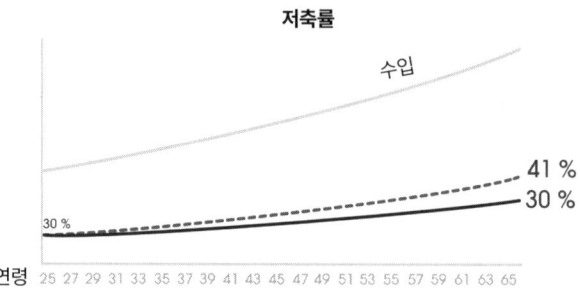

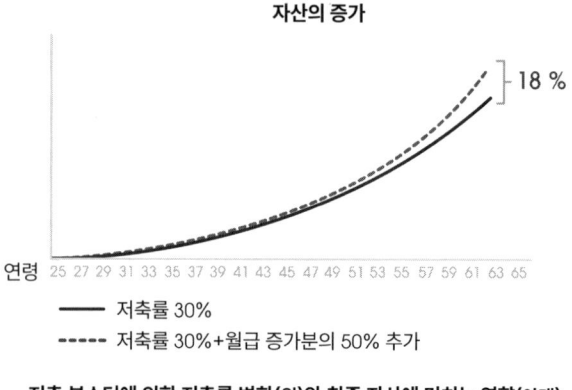

저축 부스터에 의한 저축률 변화(위)와 최종 자산에 미치는 영향(아래)

보듯이 최종 자산에 엄청난 영향을 미친다.

위의 예시에서는 연간 급여 인상률을 2%로 가정했다. 25세부터 매월 소득의 30%를 저축률로 적립하고, 급여 인상분의 50%를 추가로 저축한다고 가정하자. 65세가 될 때까지 무언가를 포기하거나 제한하지 않고도 수입의 41%까지 저축액을 상향할 수 있을 것이다. 이런 간단한 비법으로 당신이 마지막에 손에 쥐게 될 최종 자산은 18%나 증가한다.

## 저축으로 경제적 자유를 확보하라

한 달에 약 640만 원을 버는 사람은 고작 80만 원을 버는 아르바이트생보다 훨씬 더 많은 돈을 저축할 수 있다. 이론적으로는 그렇지만 실제로도 그렇게 실행한다는 의미는 아니다. 골드카드나 차고에 주차된 고급 세단도 그 사람이 자산가라는 증거는 아니다. 지금까지 나는 그런 사람들을 많이 만났다. 수입의 가장 큰 부분을 150m² 크기의 최상층 펜트하우스 임대료로 지출하던 직장 동료도 있었다. 하지만 그가 치러야 하는 대가는 혹독했다. 임대료를 감당하기 위해 항상 일에 매달려야 했던 그는 저녁마다 아이들과 얼굴을 마주할 시간조차 없다는 사실을 늘 언짢아했다. 하지만 펜트하우스 임대료를 지불하려면 근무 시간을 줄이는 일은 상상도 할 수 없었다.

고소득층이라고 해서 꼭 모든 것이 자유롭다고는 할 수 없다. 오히려 자신을 제한하고 압박하는 정반대의 상황에 처하기 쉽다. 수입이 늘어나면 그만큼 생활수준도 향상되면서 집, 자동차, 여가 등에 쓰는 지출 또한 늘어나기 때문이다. 하지만 자유를 누리는 것이 우리가 재산을 형성하고 재테크를 하려는 목적이나 의미가 아니라는 점을 유념하자.

그렇다고 굳이 코티지치즈와 감자로 연명하거나 버스를 타고 이탈리아 여행을 떠나던 대학생 때처럼 40년을 살 필요는 없다. 나이가 들수록 원하는 것이 늘어나는 것은 지극히 정상이다. 거기에 자녀들마저 생기면 달리 피할 길이 없다. 동남아시아로 떠나는 배낭여행이 발트해에 있는 뤼겐섬 별장에서 보내는 한달살이로 바뀔 수도 있다. 그렇지만 이런 자유를 누리면서도 돈을 저축할 수만 있다면 괜찮다. 그렇지 않으면 (재정적) 미래가 언제라도 무너질 모래성처럼 불안하게만 느껴질 것이다.

## 부채는 어떻게 관리할 것인가

이 책을 읽는 누구나 곧바로 돈을 저축할 여력이 있는 것은 아니다. 게다가 과도한 채무를 진 사람이라면 특히 그렇다. 하지만 부채가 꼭 문제라고만 생각할 필요는 없다. 당신이 세운 목표를 달성하는 데 이 부채를 활용할 수도 있다. 물론 제대로만 관리한다면 말이다.

### 이로운 빚, 해로운 빚

우선 이로운 빚과 해로운 빚의 차이를 구별할 줄 알아야 한다. '이로운' 빚이란 투자를 통해 자신의 미래를 실현하는 데 보탬이 되는 부채를 말한다. 당장 빚을 진다고 해도 추후에는 이를 통해 이득이 생긴다. 반면 '해로운' 빚이란 어쩌면 단기적으로는 즐거움을 주지만 장기적으로 가치가 사라지는 것을 위해 자금을 조달하는 것을 의미한다. 이 경우는 자신의 미래를 걸고 자금을 조달해 쓰는 셈이다.

이로운 빚의 예로는 해외에서 석사학위를 따는 데 사용한 학자금 대출이나 커리어를 쌓는 데 필요한 직업교육을 받기 위해 대출하는 것이 포함된다. 또한 일부 은행에서 제공하는 창업 대출도 이에 포함된다. 이러한 채무를 통해 더 큰 프로젝트를 위한 자금을 조달할 수 있기 때문이다. '합리적인' 부채에는 미래를 위해 대출을 받아 부동산을 구매하는 것도 포함된다. 어쨌거나 '이로운' 빚이란 당장 (빌린) 돈을 지출함으로써 미래에 이득을 보려는 목적이 동반되어야 한다.

하지만 안타깝게도 대다수의 대출이 해로운 빚에 속한다. 이런 악성 채무는 미래를 담보로 현재를 사는 것을 의미한다. 즉, 아직 발생하지 않은 수입으로 자금을 조달하여 비용을 충당하는 것이다. 이런 식의 채무는 미래에 투자하는 것과 정반대 선상에 위치한다. 신용으로 구매한 자가용도 마찬가지다. 자동차는 구매 순간부터 값어치가 떨어진다. 장기적인 측면으로 보면 이런 식의 지출은 자산 증식에 전혀 도움이 되지 않는다. 또한 신용으로 모든 경비를 충당한 여행이나 전액 할부로 구매한 최신형 텔레비전도 그러하다. 이런 식의 지출로 소비성 부채가 발생한다. 물론 이런 소비는 편의와 쾌적함을 선사하지만 장기적인 측면으로 보면 그로써 삶이 풍요로워지는 것은 아니다. 오히려 본인 부담금이 0%라는 달콤한 말로 유혹하는 자동차 딜러, 여행사, 전자제품 회사에만 득이 된다. 그 밖에도 내가 결제한 신용카드를 발급한 캐피털사와 은행도 그 수혜자가 된다.

대개 이런 식의 신용 대출일수록 신속하게 승인된다. 그리고 채무자는 그만큼 더 비싼 비용을 지불해야 한다. 독일에서 마이너스 대출의 연이율은 7~16%에 달한다. 5년 내내 통장에서 16%의 마이너스 한도를 쓴 사람은 빌린 원금 외에도 상당한 대출이자를 내야 한다.

### 단계별로 부채를 청산하라

만약 해로운 부채가 있다면 조속히 벗어나야 한다. 간단한 4단계 방법으로 해로운 부채를 청산할 수 있다.

- 1단계: 당신의 재정 상황을 분석하라. 당장 당신에게 있는 부채를 전부 나열하라. 한눈에 살펴보려면 이자 금액에 따라 내림차순으로 채무를 분류하고, 그 옆에 월별 상환금을 함께 기록하라.

- 2단계: 부채를 최적화하라. 대출금리를 낮추려고 시도해 보자. 채무 은행에 부채를 합치거나 재조정할 수 있는지 문의할 수 있다. 일부 은행은 고객을 위해 마이너스 통장 인출 한도를 줄이고 주택담보대출 비중을 높여서 대출을 정리해 주기도 한다. 일반적으로 부동산 담보 대출금리가 낮기 때문이다. 다른 대안으로는 예컨대 마이너스 통장 대출 대신 저금리 할부 대출로 대환할 수도 있다.

- 3단계: 특별 상환 제도를 활용하라. 대출금에서 최대한 많은 금액을 상환할 수 있는 기회를 놓치지 말아야 한다. 일부 은행 또는 대출 기관은 고객에게 한 번에 정해진 상환금보다 많은 금액을 갚을 특별 상환 권리를 제공한다. 대출금을 최대한 빠르게 상환할수록 납부해야 하는 대출이자가 줄어들고, 또 무엇보다 빚으로 인한 마음의 짐에서 벗어날 수 있으므로 이런 단발성 특별 상환 기회를 적극적으로 활용해야 한다. 채무 상환 기회가 생길 때마다 적극적으로 활용하면 좋다. 이를테면 부수적으로 생긴 인센티브, 연말 상여금 또는 소득세 환급 등으로 여윳돈이 생기면 원금을 갚는 데 사용한다. 또한 필요하다면 채무 상환 계획을 세워도 좋다. 이를테면 매월 저축을 위해 별도로 모을 수 있는 돈을 먼저 채무를 상환하는 데 활용한다.

- 4단계: 부채가 없는 상태를 유지하라. 부채를 전부 청산했다면 다시는 이러한 불상사가 반복되지 않도록 신경을 써야 한다. 이럴 때 당신의 비상금 통장이 신용대출의 고금리를 피하는 데 유용하게 쓰일 것이다.

## 부채가 있는데도 재테크를 해야 할까

당장 부채가 있는데도 재테크를 해야 할까? 아니면 모아둔 돈을 전부 부채를 갚는 데 써야 할까? 이성적으로 본다면 최대한 빨리 부채의 악순환에서 벗어나야 한다. 당신이 지불해야 하는 대출이자는 마이너스 수익이며 확실한 손실이다. 하지만 대출 상환과 투자를 병행하는 방식도 긍정적인 수익을 기대할 수 있다. 이론적으로만 보면 신속한 부채 상환으로 절약 가능한 금액보다 이렇게 병행하며 얻는 수익이 더 많을 수도 있다. 하지만 그런 수익은 보장되지 않는 데다 상환이 장기간 이어지면 대출이자도 그만큼 늘어난다. 그러므로 여러 면에서 보면 부채가 없는 상태에서 재테크를 시작하는 것이 영리하다고 할 수 있다.

그러나 심리적인 측면으로는 매월 소액이더라도 부채 상환과 병행하여 재테크를 하는 것이 훨씬 득이 될 수도 있다. 한편으로는 최대한 빨리 투자를 접하며 초기 경험을 쌓을 수 있기 때문이고, 다른 한편으로는 수년을 '마이너스 상태에서 벗어나기만을' 바라보며 부채를 갚아 나가는 것보다 소소하더라도 '돈이 불어나는 과정'을 지켜보는 것이 확실히 동기부여가 되기 때문이다. 물론 그만큼 빚을 갚기 위한 시간은 늘어날 것이다. 그렇지만 향후 재정 상태를 제대로 관리하기 위한 중요한 초석을 놓는 계기가 될 수도 있다. 재테크의 참맛을 조금이나마 느꼈을 것이기 때문이다.

결국 선택은 당신의 몫이다. 만약 지금까지도 결심이 서지 않는다면 본격적인 재테크를 시작하기 전에 먼저 부채를 상환하는 첫 번째 방법을 권장한다. 나 또한 그런 방식으로 학자금 대출을 먼저 상환했다.

## 이 보험은 정말 필요할까

나중에 혹시라도 생길 수 있는 경제적 문제에 대비하기 위하여 많은 사람이 보험에 가입한다. 보험은 막대한 비용을 초래하는 위험을 대비하는 장치다. 동시에 그 자체가 지출이 늘어나는 요인이 되기도 한다. 심지어 그 비용이 매우 높은 편이다.

수돗물을 잠그지 않아 방 세 칸짜리 아파트가 물에 잠기는 대참사가 일어날 가능성은 지극히 희박하다. 또한 비탈길에 주차한 자동차의 핸드브레이크가 풀리면서 인근 슈퍼마켓으로 돌진할 가능성 역시 매우 낮다. 통계적으로 살펴봐도 이런 종류의 사고는 극히 드물다. 따라서 이런 상황으로 발생할 경제적 손실을 미리 대비하는 것은 솔직히 손해 보는 장사라고 할 수 있다. 보험에 가입하고 수십 년간 열심히 보험료를 납부했지만 정작 아무 일도 생기지 않는 경우도 비일비재하다. 하지만 범위를 1만 명 또는 10만 명으로 확장한다면 물론 이례적인 일이긴 하지만 그런 일을 겪은 사람이 아예 없는 것은 아니다. 실제로 자동차 사고나 화재로 큰 피해를 입는다면 가입해 둔 보험이 빛을 발한다.

그렇지만 보험 가입을 염두에 두고 있다면 "많을수록 더 유용하다"라는 법칙이 꼭 맞지 않다는 점을 기억하자. 정작 당신에게 필요한 보장은 광고나 친한 보험 설계사가 이것만큼은 '꼭 필요하다'라고 입에 침이 마르도록 강조한 보험 약관 중 극히 일부분에 불과할 가능성이 매우 높기 때문이다. 오늘날 보험은 발생 가능한 모든 상황을 보장하지만 솔직히 그런 보장 내용 전부가 실생활에 필요한 것은 아니다. 당신의 풍요로운 미래를 계획하려면 실제로 필요한 보험이 무엇인지, 또 직접 가입할 수 있는 보험이 있는지 먼저 명확히 하는 것이 중요하다.

### 보험을 들어야 할 때와 보험을 들지 말아야 할 때

보험이 필요한지 아닌지 확인할 수 있는 아주 간단한 방법이 있다. 각각의 손해 사건이 발생했을 경우를 가정하여 생계 비용에 부담이 되는지 되짚어본다. 보험은 아무리 처음에는 가능성이 낮아 보일지라도 생계를 위협하는 위험으로부터 당신을 보호할 수 있어야 한다. 그것이 보험을 들어야 하는 결정적인 이유다. 만약 당신의 지갑으로 해결이 가능한 문제라면 굳이 보험을 들 필요가 없다. 보험료가 너무 높기 때문이다.

### 이런 보장은 빠트리지 말고 꼭 챙길 것

법적으로 정해져 있으므로 가입 여부를 결정할 선택권이 전혀 없는 보험도 더러 있다. 다음과 같은 보험이 이에 해당된다.

- 건강보험: 질병에 걸리거나 상해를 입었을 때 의료 혜택을 받을 수 있다. 요약하자면, 건강보험은 비상시 발생할 수 있는 많은 비용을 보장해 주므로 모든 국민이 의무적으로 가입해야 한다.

- 고용보험: 근로자가 장기간 실직한 경우, 일정 기간 급여를 받아 생계를 유지하고 재취업 활동을 할 수 있게 돕는다.

- 법정 연금보험: 은퇴 후 노후에 매월 수령할 연금의 기본이 된다. 근로자의 경우 연금 가입은 필수이며 자영업자와 프리랜서의 경우 원한다면 가입할 수 있다. 하지만 만약 사업 규모가 큰 자영업자와 기업이라면 법정 연금보험이 아니라 개인연금 가입을 권장한다(국민연금도 법정 연금보험에 속한다.).

이외에 관련된 사람만 가입하는 보험으로는 자동차 책임보험, 건축주 책임보험 등이 있다.

## 경제적 파멸을 막아주는 보험

법적 의무는 없지만 상황에 따라 경제적 파멸의 구렁텅이에서 당신을 보호해 줄 보험도 있다. 몇몇 손해 사건은 수십 억을 초과하는 엄청난 비용을 초래하며 심각한 경우 당신의 재정 상태를 파탄으로 이끌 수도 있기 때문이다. 그러므로 개인 책임보험과 소득보장보험은 꼭 필요하다.

### 개인 책임보험

실수 또는 부주의한 행동으로 타인에게 손해를 입힐 경우에는 그에 대한 책임을 져야 한다. 이 경우 배상 한도는 전액 및 무제

한이다. 휴대전화 액정 파손 비용을 배상해야 할 때도 있지만, 법적으로 처벌이 힘든 아이들이 무심코 저지른 불장난이 산불로 번졌을 때 져야 하는 배상 한도는 측정하기 힘들 정도다.

개인 책임보험은 보험 이름이 명시하듯 사적인 부문 전체를 보장한다. 기물 파손은 물론 열쇠를 잃어버리거나 임대한 집의 바닥재를 훼손한 경우도 포함되며, 심각성에 따라 막대한 비용이 발생 가능한 대인사고 영역까지 보장한다. 예컨대 신호를 위반하고 운전하다가 횡단보도에서 충돌한 자전거 운전자가 크게 다쳤다면 단 하룻밤 사이에 사고 가해자를 개인 파산에 빠트릴 수도 있다.

책임보험은 한 가구에 함께 생활하는 경우 싱글이든 부부든 한 번의 요금으로 보험을 공유할 수 있다. 가족의 경우 한 번의 가입으로 자녀가 학교를 졸업하고 교육을 끝낼 때까지 전부 보장된다. 법정 의무 가입 보험은 아니지만 누구나 가입하는 편이 좋다. 특히 한 달에 커피 두 잔 정도의 비용이면 여러 보험사가 제공하는 해당 보험 상품에 가입할 수 있다.

**소득보장보험**

자신 또는 가족의 생계에 대한 위협 중 하나는 노동 능력 상실이다. 이는 갑작스러운 질병 또는 사고로 인해 발생할 수도 있다. 이를 위해서는 소득보장보험이 필요하다. 독일에도 민간 보험 중 하나인 '소득보장보험(BU)'이 있다. 직장 생활을 하다가 입은 상해로 직장에서 평소 대비 50%밖에 근무할 수 없다면, 예컨대 하루에 8시간이 아닌 4시간만 근무한다면 보험사는 미리 정해진 보험금을 지급해야 한다. 이는 피보험자가 다시 완전히 직장에 복귀하거나 새 직장으로 이직할 때까지 지급된다. 피보험자가 원한다면 노후 연금 수령 개시일까지 지급받는 사례도 적지 않다. 업무 수행이 불가능한 상태로 인정받는 주요 원인으로는 번아웃과 같은 심리적 질병도 있지만 암, 심혈관 질환, 관절 질환 등도 포함된다. 그러므로 힘든 육체노동을 하는 직군뿐만 아니라 온종일 책상에 앉아 근무하는 사무직에도 적용이 된다.

소득보장보험은 일반적인 국가 지원이 종료되는 시점부터 지급이 개시된다. 장기 질환의 경우 건강보험에서 수년 동안 병가 수당이 지급되지만 이 또한 기간이 한정되어 있다. 그 이후에는 매일 여섯 시간 이상의 정상 근무가 힘든 경우에만 국가 지원이 재개된다. 그런 경우 소득 감소 청구권이 생기는데, 이렇게 해서 받는 연금도 하루에 3시간 이하로 근무가 가능할 경우에만 최고액(월 800유로 정도)이 지원된다.

하지만 소득보장보험이 피보험자에게 얼마나 많은 보험료를 청구할지는 사람마다 천차만별이다. 피보험자의 건강 상태, 연령 그리고 직업군이 중요한 역할을 하기 때문이다. 25세의 영업 사무직은 과거 질병 이력이 있는 55세의 노동자보다 훨씬 저렴한 요금이 책정된다. 결국 소득보장보험은 지급될 보험금의 액수와 실제로 질병이 발생할 경우 얼마나 오랫동안 수급할 수 있을지가 관건이다. 많은 사람이 이 보험에 가입할 때 연금 수령 개시 연령을 67세로 선택한다.

원칙적으로 독일에서 소득보장보험은 직장에 다니는 모든 근로자에게 필수인 보험이다. 사회 초년생, 대학생 및 학생일 경우 보험료가 훨씬 저렴한 경향이 있다. 법정 연금에 가입하지 않은 자영업자도 직업 수행 불능 상태가 되면 보장받는 것이 가능하다. 반면 공무원들은 이 보험에 가입할 필요가 없다. 산업재해가 발생할 경우 국가에서 전부 보장하기 때문이다. 또 살면서 갑작스러운 실직에도 대처할 정도의 자산을 충분히 축적했다면 보험을 해지해도 좋다.

### 이런 보험은 상황에 따라 필요할 수도 있다

남과 똑같은 삶을 사는 사람은 없다. 그러므로 연령, 직군, 자산 상태, 결혼 여부에 따라 생존을 위협할 경제적 손실을 보장하기 위해 보험을 더 들 수 있다. 이와 관련된 보험은 다음과 같다.

- 생명보험: 이 보험은 피보험자가 사망할 경우 피부양자에게 보험금을 지급한다. 피부양자에게 기존에 납입한 보험료를 기반으로 책정된 보험금이 일시에 지급된다. 생명보험은 가족의 생계를 책임지는 핵심 부양자가 있고 그 사람이 사망할 경우 생계가 불투명해지는 가족이 있는 경우 적합하다. 집을 살 때 핵심 부양자의 사망 시 월 상환금을 보장받으려는 목

적으로 생명보험 가입을 요구하는 대출 기관도 있다.

• 주택보험: 주거 공간을 보호하기 위한 주택종합보험이나 주택화재보험을 일컫는다. 세입자가 아니라 건물 임대인과 소유주에게 중요하다. 낙뢰로 지붕이 파손되거나 화재로 인한 손해 비용은 임대인과 소유주가 부담해야 하기 때문이다. 지진, 홍수 등의 천재지변으로 손해가 발생하는 경우에도 그로 인한 책임은 소유주에게 있다.

• 해외여행자보험: 이 보험은 모처럼 즐겁게 떠난 여행이 경제적 재앙으로 끝나지 않도록 보장한다. 다수의 건강보험이 해외에서는 제한된 범위 안에서 보장되거나 아예 보장되지 않기 때문이다. 이를테면 미국, 캐나다 또는 남아메리카의 국가에서는 상황에 따라 현지 병원비가 매우 많이 발생할 수도 있다. 특히 해외를 자주 오가는 사람이라면 해외 건강보험과 비교해 봐야 한다. 이런 보험은 하루당 1유로 정도의 저렴한 비용으로 보장받을 수 있다.

• 가재손해보험: 집 내부에 발생한 손해, 즉 가재의 손해를 보장한다. 침입, 절도, 화재뿐만 아니라 태풍 또는 악천후로 인한 자연재해에도 적용된다(주택보험에 특약으로 포함되기도 한다.). 집 안에 이케아 가구 3점과 노트북 한 대만 놓고 미니

멀리즘을 추구하는 사람이라면 당연히 이런 보험은 불필요하다. 하지만 집에 디자인 가구, 최신식 주방이나 비싼 보석이 가득하다면 상황은 달라진다. 그로 인한 손해가 당신의 삶을 위협할 정도라면 필히 보험을 들 필요가 있다. 하지만 그 정도가 아니라면 가입하지 않아도 무방하다.

- 법률비용보험: 이 보험은 법정에서 권리 다툼이 있는 경우 소요되는 법률 비용을 지급한다. 살면서 그런 상황이 생길지는 솔직히 예측하기가 어렵지만, 원한다면 상황에 따라 가입할 수 있다. 예컨대 55세 또는 50세에 실직하게 되면 다시 새 직장을 찾지 못하는 경우가 대부분이다. 부득이한 경우 생계 보장을 위해 갑작스러운 해고에 법적으로 맞설 수 있다. 그럴 때 법률비용보험이 있다면 한결 수월하다. 변호사 비용은 물론 법정에서 소요되는 모든 비용을 보장하기 때문이다. 상황에 따라서는 기소가 기각될 경우 드는 소송비까지 책임진다. 분쟁에 따라 법적 비용은 최대 1천만 원 넘게 나올 수도 있다. 경제적 부담이 크지 않은 사람이라면 법률비용보험 비용을 아낄 수도 있을 것이다. 보험 가입하기 전에 앞으로 실제로 법적 분쟁이 생기지 않을 수도 있다는 점을 유념하는 것이 무엇보다 중요하다. 만약 토지 경계 소유에 합의하지 못한 이웃과 불화의 조짐이 보인다면 적어도 법적 공방에 휘말리기 전 최소 3개월 전에 법률비용보험에 가입해야 한다.

그렇지 않으면 법정 싸움에 필요한 비용이 지급되지 않는다.

**이런 보험은 웬만하면 자제하는 것이 상책이다**

원칙적으로 자신과 가족의 생계를 위협하는 손해가 아니라면 굳이 손해보험을 가입할 필요가 없다. 다소 언짢기는 하겠지만 스스로 극복 가능하다면 그런 보험은 모두 불필요하다. 이에 해당하는 보험은 다음과 같다.

- 휴대폰 보험: 휴대폰 파손으로 생긴 손해를 보상한다. 200여만 원짜리 스마트폰이라면 이러한 보험도 나쁘지 않지만 주로 보험료가 높은 편이다. 게다가 도난으로 인한 피해처럼 보장에서 제외되는 경우가 많으니 잘 확인해야 한다.

- 상해보험: 상해로 손실을 입었을 때 일회성으로 보험금을 지급한다. 언뜻 보기에는 매우 합리적인 것 같다. 하지만 질병은 보장되지 않으며, 또한 직업 수행 불능 상태로 수년간 보험금을 지급받는 경우 중복으로 보장되지 않는다. 한국의 경우는 실손보험으로 치료비와 정해진 보험금을 동시 지급받을 수 있으니 별도의 상해보험은 특별한 경우가 아니라면 가입을 자제해도 좋다.

- 여행자수화물보험: 여행 중 수화물을 분실하게 될 경우 보상

받는다. 수화물 컨베이어벨트에서 사라진 수화물 탓에 갑자기 혈압이 급상승하는 상황이 벌어질 수도 있지만 그렇다고 존재의 위협이 될 수준은 아닐 것이다. 여행지에서 입을 화사한 프린트 셔츠는 굳이 신용대출을 받지 않아도 비교적 대체하기 쉽다. 그러므로 이런 보험은 불필요하다.

## 더 저렴하게 보험에 가입하는 방법이 있을까

이미 세 가지 또는 네 가지 보험 상품에 가입한 상태라면 아마 이 질문이 가장 귀에 쏙 들어올 것이다. 각각의 보험에서 보장하는 내용이 중복되는 경우가 많기 때문이다. 일부 자동차보험은 렌터카 특약을 넣기도 해서 휴가지에서 렌터카를 빌릴 때 추가 보험이 필요하지 않을 수도 있다. 또는 함께 집을 공유하는 동거인이 이미 가재손해보험을 들었을 수도 있다. 그렇다면 그 보험을 추가로 들지 않아도 된다. 그러므로 불필요한 보험을 해약할 필요는 없는지 검토해 봐야 한다.

또한 보험사들이 서로 치열한 가격경쟁을 벌이고 있는 만큼, 실소비자인 당신이 이 국면을 적극 활용하여 더 효율적이고 좋은 상품이 있는지 정기적으로 살펴봐야 한다. 그것만으로 1년에 못해도 몇십만 원은 아낄 수도 있다.

### 온라인으로 가입해도 될까

대부분 보험은 온라인상에서 손쉽게 가입할 수 있다. 보험의 보장 내용이 비교적 간단하고 명확할 경우 각 보험사가 내놓은 상품에 큰 차이가 없기 때문이다. 이를테면 자동차보험, 개인 책임보험 그리고 건설업자 책임보험이나 여행자보험과 같은 것이 이에 해당한다.

다만 보험 약관이 매우 복합적이고 적용되는 조항이 개개인의 상황에 따라 다를 경우 보험 설계사와 상담하는 것이 적절하다. 예컨대 소득보장보험에 가입할 경우 건강에 관련된 질문에 최대한 정확히 대답하는 것이 좋다. 그래야 사고 시 실제로 생계를 보장할 수준의 보험금을 책정받을 수 있다.

민간 건강보험의 경우 해당 보험을 통해 보장받으려는 의료 혜택과 더불어 발생 가능한 질병 리스크가 관건이 된다. 나의 오랜 친구이자 피난츠플루스를 공동 설립한 아르노는 얼마 전 국가에서 보장하는 건강보험에서 개인 건강보험으로 갈아탔다. 그리고 이를 위해 자그마치 4시간이나 투자하여 보험 설계사와 심층 상담을 했다. 그들은 함께 머리를 맞대고 앞으로 생길 수도 있는 상황과 전제를 꼼꼼히 따져가며 보험을 검토했다. 아르노의 치아 상태부터 시작하여 기존 질환, 나중에 생길 '가족'에 관한 부문까지 전부 포함되었다. 만약 아버지가 된다면 어떻게 될까? 그럴 경우 자녀까지 자동으로 보험 혜택이 적용될까? 아이가 장애가 있는 상태로 태어나면 어떻게 될까? 외국에서 사고가 나면 현지에서 보험 보장을 원하는가? 만약 그렇다면 주로 방문하는 국가는 어느 나라이며 해외 체류 기간은 1년에 몇 주나 되는가?

사실상 개개인의 희망 사항과 상황에 맞춘 보험이라면 지하철을 타고 가는 중에 온라인으로 체결하지 않는 것이 좋다. 이러한 보험일수록 세심한 계획이 필요하므로 보험 설계사와 상담을 진행하기를 권한다. 설령 비용이 조금 발생하더라도 분명히 투자할 만한 가치가 있다.

아마 이쯤 되면 내가 이 주제와 관련하여 최종적으로 어떤 조언을 하고 싶을지 충분히 예측할 수 있을 것이다. 필요 없는 보험은 당장 해지하라. 당신에게 경제적 위협이 되지 않는 보장을 제공하는 보험은 실상 필요가 없다. 차라리 당신의 소중한 돈을 아껴서 자산 형성을 위한 투자에 값어치 있게 쓸 수 있다. 하지만 올바른 투자의 출발점에는 실제로 위험이 도사리는 시나리오로부터 보호받고, 불행한 사건이나 단순한 부주의로 경제적 위험에 처하는 상황을 처음부터 피하는 것이 전제되어야 한다.

**핵심 포인트:**
# 재정 상태를 파악하고 목표를 세워라

---

- 달성하고 싶은 금융 목표를 구체적으로 정한 뒤(숫자로), 매월 저축해야 하는 금액을 산출하라.
- 현재 보유한 순자산을 계산하고 수입과 지출 내역을 전체적으로 검토하라. 이때 가계부를 활용하길 권한다.
- 복리 효과를 통한 이득을 최대한 누릴 수 있도록 가능한 한 일찍이 저축과 재테크를 시작하라.
- 주기적으로 목표를 검토하고, 저축액에 반영하라. 모름지기 인생이란 100% 완벽하게 계획할 수 없다.
- 3-통장 모델을 활용하여 저축을 자동화하라.
- 자신의 부채를 분석하고 최적화하라. 그리고 체계적으로 줄여 나가라.
- 당신의 재정을 위협할 만한 위험을 보장하는 보험만 가입하라. 그리고 불필요한 보험은 곧바로 해지하라.

# 고전적인
# 투자 방식

---

지금까지 재테크와 관련하여 폭넓게 살펴보았다. 이제 당신은 자신의 재정 상황을 파악했으며, 어디를 향해 나아가야 할지 확실히 깨달았을 것이다. 무엇보다 자산을 형성하는 일은 전문적인 외부의 도움 없이도 가능하다는 것을 알았을 것이다. 또한 금융 계획을 설계하고 보험을 올바르게 정리하는 법, 저축률을 어떻게 설정하는 것이 좋은지도 대략 파악했다. 이제는 구체적으로 '돈을 불리려면' 어떻게 해야 할지 그 방법을 살펴보려 한다.

재테크에 가장 좋은 투자 형태가 무엇이냐는 질문에는 대답하는 상대에 따라 답이 전부 제각각일 것이다. 할아버지, 할머니는 '확실한 것이 가장 안전하니까'라며 저축예금이나 채권을 신봉하고 무슨 일이 있더라도 집을 꼭 사라고 조언한다. 한편, 이제 스무 살이 된 내 사촌은 암호화폐 세계에 푹 빠져 늘상 그 얘기만 한다. 그리고 기혼인 이모는 1990년대 치솟던 주가 상승으로 벌어들인 수익 이야기만 나오면 눈빛이 돌변한다. 온라인상에서 조언을 구하면 더 혼란스럽다. 지금은 나날이 새로운 투자 기회가 늘어나고 있기 때문이다. 금융계는 투자자들이 돈을 투자할 만한 새로운 유형의 상품을 고안하는 데 결코 지치는 법이 없다.

우선 고전적인 투자 유형을 살펴보며, 이 방법이 당신과 당신의 상황 그리고 이루고자 하는 목표에 얼마나 적절할지 꼼꼼히 검토해 보자.

## 비수익성 투자: 적금, 정기예금

투자 유형을 가장 크게 분류하자면 첫 번째가 바로 요구불예금이다. 명칭만 봐도 이 예금의 성격을 파악할 수 있다. 즉, 예금주가 실질적으로 언제든지, 아무런 조건 없이 입출금이 가능한 예금이며, 최소 유지 기간 또는 해약 고지 기간을 준수하지 않아도 된다. 예금주에게 매우 편리한 통장이다. 하지만 그것만으로는 돈을 불릴 수 없다. 오히려 정반대라 할 수 있다. 그래서 선택하는 것이 적금이나 정기예금이다. 분명한 건 사람들은 적금, 정기예금을 보상이 있는 자산 투자와 혼동하면서 돈을 투자할 기회를 놓치고 있다는 사실이다. 어쨌거나 앞으로 하나씩 차례대로 살펴볼 것이다.

누구나 자유 입출금 계좌(보통예금)가 무엇인지 알고 있을 것이다. 자유 입출금 계좌는 일일 지급 거래를 위해 고안되었다(급여, 임대료, 체크카드 출금 등). 무엇보다 이자가 거의 없으며, 있다고 해도 현재는 거의 마이너스 금리에 가까우므로 그 이상의 용도로는 사용하지 말아야 한다.

정기예금은 약 200년 전부터 생겨났다. 실제로 정기예금은 저축액을 늘리는 것이 기본 목적이다. 이 또한 인플레이션을 감안하면 실제 금리는 거의 소수점 아래 또는 마이너스 금리에 가까우므로 그리 적절하지 못하다.

정기예금의 유연한 형태가 바로 수시예금(MMDA)이다. 통장에 돈을 정해진 기한 없이 예치하고 언제라도 인출이 가능하다. 자산 축적에 수시예금 계좌는 꼭 필요하다. 예비금을 모아두고, 예상하지 못한 지출을 충당하기 위한 비상금을 저축하기에 최적이기 때문이다.

또한 수시예금 계좌는 투자에도 활용된다. 어떤 위험에도 노출되지 않으므로 주식처럼 평가 가치가 변하는 투자 자산에 대한 훌륭한 균형 역할을 한다. 투자로 인한 리스크를 얼마나 감수할 준비가 되었느냐에 따라 더 많은 자산을 안전한 투자에 분산시킬 수도 있고, 반대로 리스크를 감수하고 자산을 과감히 투자할 수도 있다. 이 부분은 나중에 포트폴리오 구성을 다룰 때 자세히 살펴볼 것이다.

하지만 포트폴리오의 안전성도, 비상금 여부도 수익을 창출하는 데 기여하지 못한다. 수시예금 계좌란 정기예금처럼 수익성이 전혀 없는 계좌다. 더러 일부 수시예금 계좌 투자자들이 몇 달에 한 번씩 새로운 다이렉트뱅킹 상품이 있는지 인터넷을 샅샅이 뒤지며 통장 갈아타기를 시도하지만, 이 또한 전혀 도움이 되지 않는다. '최고의 금리'를 확보하는 것이 이들의 목표이지만 현재 독일 다이렉트뱅킹의 경우 이러한 금리 차이는 1년에 0.1%도 되지 않는다. 그러다 물가상승으로 어쩌면 1.9% 손해 볼 것을 2.1%로 손실 폭만 늘릴 위험도 있다. 그러므로 무작정 계좌를 갈아타는 방식은 확실히 좋은 거래라 할 수 없다. 비록 소소하긴 해도 저축액은 서서히 감소한다.

정기예금의 경우 금리는 더 높은 편이긴 하다. 하지만 그것으로 인플레이션을 따라잡기에는 충분하지 않다. 예금은 특정 기간 예치되며, 상황에 따라 그 기한은 몇 개월에서 10년까지 다양하다. 납입금은 중도 인출이 불가능하다. 그러므로 비상금을 보관하기에 정기예금은 적절하지 않다.

정기예금이나 수시예금 계좌 금리는 인플레이션을 상쇄할 만큼 높지 않다. 그러므로 해당 통장에 예치된 돈은 크게 불어날 수 없다. 다만, 예금은 법정 예금자보호법에 따라 보장받을 수 있다. 이는 은행이 파산하더라도 고객이 예금을 돌려받을 수 있도록 보장한다. 은행이 지급 불능이 되는 순간 파산 관리자가 채무를 변제하기 위해 그 금액을 사용할 수 없는 것이다. 독일 예금자보험은 예금자와 은행마다 10만 유로(약 1억 6천만 원)의 예금 자산을 보장하며, 한국은 1억 원까지 보장한다. 독일은 1998년 제정된 '예금보장 및 투자자 보상법(EAEG)'에 따라 민간 및 국영 은행은 자기 손해 담보의 책임이 있으며, 그것을 통해 실질적인 반환을 위한 수단을 확보해야 할 의무가 있다. 한국의 경우는 1996년부터 예금자 보호법이 제정되어 시행되고 있다. 기존에는 5천만 원을 보장했으나 2025년 9월 1일부로 1인당 1개 금융기관 기준 1억 원을 보장하는 것으로 상향됐다.

## 미온적 투자: 생명보험, 주택적금

독일에서 체결된 생명보험 계약은 무려 9천만 건에 이른다. 이는 계약된 보험증권이 인구 수를 상회한다는 말이다. 독일인 4명 중 1명이 국가 지원 개인연금을 수령하고 있으며, 매년 약 150만 건의 적립식 주택적금, 일명 바우슈파(계약하면서 설정한 집값의 일정 부분을 적립식으로 넣다가 분담금 한도를 채워넣으면 집값의 100%까지 대출해 주는 상품—옮긴이)가 체결되고 있다. 한국에도 청약통장, 주택마련 적금 같은 비슷한 상품이 있겠지만, 여기에서는 독일 국민이 가장 선호하는 이 두 가지 투자 상품을 자세히 살펴보려 한다. 이 상품들이 일부 사람들에게는 유용할지 모르나 많은 사람이 당장 손을 떼야 하는 이유가 있다.

### 적립식 주택적금, 꼭 필요할까

독일에서 투자 상품으로 주택적금이 어떠냐고 묻는다면 아마 답변이 각양각색일 것이다. 일부는 해당 상품을 구닥다리 종이 쪼가리로 취급하며 그냥 돈을 창문 밖으로 던져버리는 것이라고 치부하기도 한다. 하지만 그럼에도 주택적금 예금자는 2천만 명을 상회하며 매년 그 수가 증가하고 있다. 물론 주택적금에는 몇 가지 장점이 있다. 하지만 그만한 혜택을 보는 경우는 극소수에 불과하다.

모든 주택적금의 절차는 동일하다. 먼저 저축 단계가 있다. 주택적금 가입자는 주택적금 금액(보통 50%)의 일부를 저축해야 한다. 즉, 주택 매매, 건축 또는 리모델링에 필요한 금액의 일부를 예금으로 저축하는 것이다. 만약 필요한 저축액이 20만 유로라면 10만 유로를 저축해야 한다. 저축액에는 연 단위로 이자가 지급되며, 현재 금리는 약 0.2%다. 그러므로 종잣돈을 마련할 재테크 수단으로 주택적금은 그리 적절하지 않은 셈이다.

저축 단계가 끝나면 주택적금 가입자에게 대출 자격이 주어지는데, 이때 대출 여부를 결정할 수 있다. 대출 실행과 동시에 주택적금 가입자는 상환금을 납부해야 한다. 대출금리는 시중 은행에 비해 크게 낮은 편이 아니다. 처음에 금리가 확정되면 최종 납입금을 상환할 때까지 금리는 조정되지 않는다. 만약 현재 금리가 낮은 편이라면 지금 주택적금을 체결하는 사람은 저금리 조건을 향후 10년, 20년 또는 30년까지 확정받을 수 있다(한국의 경우는 청약통장이라는 유사한 형태의 적립식 주택적금이 있다. 비과세에 대출 우대 요건, 분양 주택 당첨 등의 혜택이 있으나 이 또한 저금리 상품이라 자산 형성에는 큰 이점이 없다.).

주택적금 바우슈파 하면 가장 자주 언급되는 부분이 국가가 추가로 지급하는 보조금이다. 하지만 기껏해야 새집에 깔 예쁜 러그 하나 살 금액에 불과하다. 추가로 미혼인 경우에는 1년에 최대 70유로(기혼은 140유로)인 주택 건축 보조금이 지급되지만, 소득이 높지 않고 해당 연도에 주택적금에 최소 700유로(기혼은 1,400유로)의 납부 실적이 있어야 자격이 주어진다. 직장인 대상으로 보조금을 청구할 자격을 충족하는 사람들도 있지만, 그것도 1년에 최대 70유로에 불과하다.

아울러 주택적금에 가입하면 곧바로 전체 금액의 1~1.6%에 달하는 일회성 선취 수수료가 부과된다. 추후 대출 신청 여부와 상관없이 납부해야 한다. 주택적금 설정액이 20만 유로라면 최소 2천 유로의 취득 수수료가 발생한다는 말이다. 그 외에도 많은 주택적금이 저축 기간 중 불입금을 납입하는 계좌에 최대 20유로의 연회비를 부과하고 있다.

그렇다면 기존에 가입한 상품은 어떻게 해야 할까? 저금리와 간에 기별도 안 가는 보조금을 감안하면 최근에 가입한 주택적금 상품의 경우 돈이 불어날 재간이 거의 없다고 볼 수 있다. 15년 또는 20년 전에 4% 또는 그 이상의 금리로 가입한 옛 주택적금 상품과는 확연히 다르다. 만약 예전에 가입하여 이런 금리의 상품을 보유 중이라면 최대한 계속 유지하며 금리 혜택을 톡톡히 보기를 권한다.

하지만 아무런 이득도 되지 않는 저금리 계약이라면 해지하고 지금까지 납부한 납입금을 돌려받는 것이 유리하다. 다만 해약 고지 기간이 충족되는지 유의해야 한다. 그렇지 않으면 해당 은행에서 납입금 지급을 보류할 수 있기 때문이다. 해약 후 찾은 돈은 곧바로 수익성이 높은 곳에 투자할 수 있다.

### 생명보험과 연금보험

이외에도 셀 수 없을 정도로 다양한 민간 생명보험과 연금보험 상품들이 있다. 하지만 이 시장은 모든 것이 명확하지 않다. 모든 공급자가 '유동성', '보장된 노후' 또는 '평생 연금' 등 서로 똑같은 공약을 외치며 광고한다. 그런 광고를 살펴보면 주로 자가 소유한 주택 앞에서 행복한 표정을 짓는 가족의 모습이나 따스한 햇볕 아래 자전거를 타며 환한 미소를 짓는 노부부의 사진이 빠지지 않는다. 하지만 민간 연금보험 세상을 면밀하게 살펴보면 미소가 빠르게 사라질 것이다. 적어도 지금 가입하는 신규 고객에게 이런 보험은 가입 자체가 마이너스 거래를 의미하기 때문이다. 어떻게 해도 두둑한 노후 연금과는 거리가 멀다. 각 보험에 대해서 자세히 살펴보자.

**생명보험이냐, 연금보험이냐**

운용되는 원칙이 동일하므로 생명보험과 연금보험의 개념은 때때로 동의어처럼 사용된다. 이 보험에 가입하면 수년간 월납금을 내야 한다. 보험사는 당신을 대신하여 이 돈을 투자하는 동시에 은퇴 후부터 사망하는 시점까지 보험금을 지급하기로 보장한다. 소위 '자산 형성을 위한 보험'이라고도 하는 생명보험은 가입자가 사망하면 자동으로 피부양자에게 보험금을 지급한다. 연금보험의 경우 이 특약은 선택 사항이다.

생명보험은 이자를 포함하여 납부한 돈, 즉 보험 납입금을 연금 수령 개시일에 전액 일괄 지급한다. 전통적인 연금보험과 비교하면 이런 지급 방식은 매우 이례적이라고 할 수 있다. 대부분의 보험금은 국가 보장 연금처럼 매월 일정한 금액이 이체된다. 현재 보험사들은 보험금을 평생 연금으로 수령할지 전액 일시불로 지급받을 것인지 수급자의 선택에 맡기고 있다.

연금보험 및 생명보험은 납입한 예금에 법정 보장 이자율 및 초과 이자를 더하여 돌려준다고 광고한다. 즉, 연금 수령 시기까지 당신의 자산 가치가 일정 비율로 증가할 것이라고 약속한다. 하지만 보장 금리는 매우 낮은 편이다. 생명보험은 계약자의 자산을 리스크가 거의 없는 안전 자산에만 투자하기 때문이다.

따라서 지난 수년간 보험사에서 고객에게 약속하는 보장 금리는 지속적으로 낮아졌다. 독일의 경우 2000년대 초까지만 해도 보장 금리가 4%에 가까웠지만 지금은 약 0.25%로 뚝 떨어졌다

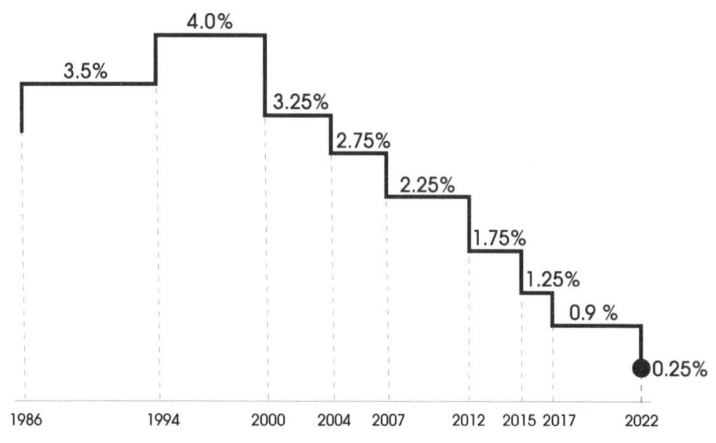

연금보험 및 생명보험의 법정 보장 이자율 추이(출처: GDV)

(위 도표 참조). 효과적으로 자금을 불리는 것이 목적이라면 아무런 가치가 없다.

초과 이자란 예금자에게 수익을 분배하는 것을 의미한다. 따라서 보험사가 기대 이상의 연간 수익을 창출해야지만 지급할 수 있다. 매우 드문 경우라고 할 수 있다. 그 이유 중 하나는 최대 4%의 보장 금리로 보험에 가입하고 실제로 그대로 지급되고 있는 옛 가입자들이 상당히 많기 때문이다. 어쨌거나 보험사는 지급 의무가 있다. 따라서 보험 상품을 가입할 때는 초과 이자를 미리 계산에 넣지 않는 것이 좋다. 실제로 지급받을 수 있는지조차 예측 불가이기 때문이다.

재테크를 하려는 사람의 입장에서 보면 생명보험과 연금보험은 사실상 그리 유용하지 않다. 처음부터 보험사는 전체 보험료

총액에 따라 계약 체결 수수료를 부과한다. 예컨대 가입하려는 보험이 30년간 매달 200유로를 납입해야 한다면 전체 납입 보험료는 총 7만 2천 유로(약 1억 1600만원)가 될 것이다. 만약 계약 체결 수수료가 2.5%로 책정되면 아무런 수익이 없어도 우선 거의 2천 유로에 육박하는 수수료를 납입해야 한다. 거기에 매년 관리 비용으로 약 2%가 부과된다. 만약 연납이 아니라 월납으로 변경하더라도 추가 수수료가 발생한다.

더욱이 가입 후 얼마 지나지 않은 시점에 보험 계약 해지를 희망할 경우 해지 수수료를 지불해야 한다. 실제로 생명보험을 27년 이상 유지한 고객은 전체 가입자의 절반가량이다. 나머지는 조기에 계약을 철회한다. 약속한 보장 금리에서 이런 모든 비용을 제하고 나면 사실상 남는 것이 거의 없다고 봐도 무방하다. 오히려 마이너스인 경우가 더 많을 것이다. 한마디로 당신의 돈은 가입과 동시에 줄어든다.

하지만 민간 연금보험이 유리한 상황도 있다. 이를테면 사망 시까지 어떠한 조건 없이 연금이 지급된다고 가정한다면 이득이 될 것이다. 무려 110세까지 장수한다고 해도 말이다. 또한 세금 혜택도 있다. 2005년 이전에 연금보험 가입을 했고 최소 12년 이상 보험료를 납부했다면 초과 연금에 세금을 한 푼도 납부할 필요가 없다(2005년 이후 가입자는 과세 대상이다.).

나는 2004년에 생명보험에 가입했다. 그러므로 내가 중도 해지하지 않는 한 별도의 세금 없이 연금을 받을 수 있는 조건이다.

또한 보험 계약 체결 당시 금리도 제법 높은 편이었다. 가입한 지 오래된 보험 계약이라면 유지하는 편이 합리적일 수 있다. 하지만 아직까지 가입하지 않았다면 지금은 이런 상품에 가입하는 것을 그리 권장하지 않는다.

그렇다면 가입은 예전에 했지만 저금리인 상품은 어떻게 해야 할까? 계약을 해지해야 할까? 아니면 유지해야 할까? 그것은 당신의 구체적인 상황과 가입한 상품에 달렸다. 이를테면 어떤 보험사의 상품에 가입한 것인지, 또는 과거에 해당 상품으로 수익을 얻은 이력이 있는지 등을 면밀히 살펴봐야 한다.

고액의 해지 수수료를 절약하려면 수익성이 없다고 상품을 무턱대고 해약하기보다 우선 납부 정지해 두는 방법도 있다. 그로써 현 계약 수준을 유지하다가 연금 수령 시점이 되었을 때 그때까지 납입한 금액과 이자가 반영된 금액을 지급받을 수 있다.

### 안전성도 없는데 비싸기까지 한 보험: 펀드 연동형 생명보험 및 변액연금보험

펀드 연동형 생명보험(변액종신보험) 또는 변액연금보험은 비록 보장 금리는 없지만 '매력적인 수익배당 가능성'과 세금 혜택을 약속한다. 이 보험은 연금보험 형태를 갖춘 투자 펀드다. 보험 가입자가 납입한 자금을 전액 펀드에 투자하면, 이 펀드가 주식이나 채권을 사들인다. 따라서 펀드의 수익률 변동은 보험 가입자의 추가 연금 금액을 결정한다. 이런 운용 방식은 연금이나 생명보험의 이익 창출 가능성을 높여주지만, 동시에 그만큼 비용도 늘어난다. 초과 수수료와 지속적인 관리 비용을 펀드 운용사에 지불해야 하기 때문이다.

상황에 따라 펀드 연동형 생명보험은 세금 혜택을 받을 수 있다. 은퇴 후 실질적인 연금 수령 개시와 함께 연금을 인출할 때 원칙대로 납부해야 하는 세금의 절반만 납부하면 된다. 단, 이러한 조건은 가입한 후 최소 12년 이상 유지한 보험에만 적용된다. 그렇지 않을 경우 일반적으로 자본 수익의 100%를 소득세로 납부해야 한다(한국의 경우는 최소 10년 이상 유지, 5년 이상 납입이면 비과세 혜택이다.).

하지만 당신이 이러한 세금 혜택 요건을 충족하더라도 어쩌면 보험사 없이 직접 펀드에 투자하는 것이 훨씬 유리할 수 있다. 비용이 절감되며 선택의 폭도 넓다. 그리고 언제든지 마음대로 처분할 수 있다. 펀드 직접투자는 의외로 간단하며 장기적으로 볼 때 훨씬 더 높은 수익을 달성한다.

### 손실 방지 및 연수익률 방어

리스터(Riester)와 뤼룹(Rürup) 연금은 한때 독일에서 노후 설계 분야의 패러다임 전환을 이끌어내기 위해 도입한 모델이다. 이들 연금의 출시는 약 2000년경으로 거슬러 올라간다. 당시 정치권은 법정 연금이 더 이상 제 역할을 다하지 못하고 노후 생활을 보장해 줄 수 없을 것이라는 사실을 인지하고 있었다.

평판이 더는 추락할 수 없는 리스터 연금부터 살펴보자. 일명 '총신 내에서 미리 폭발하는 탄환'이라는 별칭이 붙은 이 보험은 보편적으로도 '실패작'으로 평가받고 있다. 정말 그러할까? 사실 리스터 보험은 국가에서 장려하는 개인형 연금제도다. 법정 연금 보험에 가입한 모든 근로자와 공무원, 군인, 실업수당 수급자, 법정 연금제도에 자발적으로 등록한 자영업자가 가입할 수 있다. 연금 수급 개시까지 리스터 연금에 정기적으로 납부하면 국가가 보조금을 지급한다. 연금 수령 개시는 62세부터 가능하다.

보장 부문과 추가 수익 부문으로 구성된 리스터 연금은 수령 개시일 이후 죽을 때까지 연금 지급을 보장한다. 따라서 리스터 연금에서도 투자는 신중하게 결정된다. 가치의 변동이 적은 투자 상품에 집중되는 것이다. 리스터 연금 가입자도 높은 수익률을 기대하기가 어렵다.

일정 수준의 저축률에 도달하면 일부 사람들은 국가 보조금을 받을 자격이 생긴다. 특히 자녀 보조금이나 세금 감면 혜택이 주로 요청된다. 하지만 리스터 연금은 매우 유동성이 떨어지고 수수료가 비싼 데다가 수익성이 전혀 없는 형태라서 크게 투자자의 흥미를 끌지 못했다.

리스터 연금과 자매 격이라 할 수 있는 뤼룹 연금은 리스터 연금보다 유연성이 더 떨어지는 상품이다. 예를 들어, 한번 가입하면 쉽게 해약할 수 없다. 리스터 연금의 경우 만기 후 일시불로 전액을 지급받는 옵션이 있지만, 뤼룹 연금은 최종적으로 연금 형태로만 분할 지급된다.

## 중복 가입은 피하라: 복합 상품

보험 상품을 살펴보면 노후 준비와 보장 내용을 영리하게 결합했다고 주장하는 상품이 있다. 이러한 복합 상품은 두 가지 장점을 모두 갖춘 것처럼 보이지만 궁극적으로는 보험사의 잇속을 채우는 것으로 끝이 난다. 자본 연동형 생명보험이 대표적이다. 이 보험은 노후 준비와 사망 시 지급하는 보장 내용을 결합한다. 또 소득보장보험과 연금보험이 하나로 결합된 복합 상품도 있다.

이런 유형의 보험은 돈을 예치하는 방식의 보험 종류 중 최악의 상품이라고 할 수 있다. 궁극적으로 보험 계약자가 최종적으로 부담해야 할 비용이 얼마나 될지 예측하기도 어렵고, 근거가 충분하지도 않다. 게다가 '한 번의 비용으로 두 상품이' 결합된 모델은 아니다. 각각의 상품을 바탕으로 비용이 책정되는데, 이때 수수료가 가파르게 오른다. 거기에 일회성 가입 수수료도 각각 부가된다. 그러므로 이런 보험에서 홍보하는 '비용 절감'이란 실상 무의미하다.

때때로 복합 상품은 각각의 상품이 분리되지 않아 문제가 발생하기도 한다. 예컨대 납부해야 할 보험료를 벌 수 없는 상황이라면(또는 원하지 않아서) 최소한 노후 대책을 스스로 해결해야 한다. 또 계약에 따라 해지 수수료가 발생할 수 있다. 유지 기간이 충족되지 않으면 세금 감면 혜택도 사라질 수 있다. 반대로 연금

보험을 해지해야 하는 경우 동시에 설정되어 있던 소득보장 혜택도 자동으로 상실되므로 신규 계약을 새로이 체결해야 한다. 게다가 가입 시 연령이 많을수록 그만큼 비용이 늘어난다.

그 밖에도 우리는 민간 생명보험이나 연금보험에 납부한 돈은 특별 자산으로 분류되지 않는다는 사실을 종종 간과하고 있다. 보험에 납부되는 우리의 돈은 보험사의 자산과 별도로 분리되지 않는다. 만약 보험사가 파산 위기에 처하거나 아예 파산한다면 상황에 따라 고객은 막대한 손실을 본다는 점을 감안해야 한다.

**핵심 포인트:**
# 주택적금, 생명보험은 왜 매력적인 투자가 아닐까?

---

- 오늘날은 주택적금에 가입한 조합원도, 민간 생명보험에 가입한 고객도 짭짤한 이자 수익을 기대하기 힘들다.
- 대부분 예금은 처음부터 손실을 의미한다. 물가상승률을 상쇄하지 못할뿐더러 때때로 수수료와 같은 비용이 터무니없이 비싸기 때문이다.
- 오래전에 가입하여 고금리를 보장하는 생명보험이나 주택적금 상품은 계속 유지하거나 납입 중지 상태로 보유해도 좋다.
- 저소득층, 한부모 가정, 다자녀 가정은 국가 보조금을 주목할 것이다. 하지만 국가 보조금만으로는 노후 대책이 된다고 보장할 수 없다.
- 복합 상품은 노후 대책과 보험을 결합한 상품이나 각 상품을 별도로 가입하는 것만큼 또는 그 이상으로 많은 비용이 든다. 게다가 이런 복합 상품은 추후에 분리되지 않는 단점이 있다.
- 펀드 연동성 생명보험 및 변액연금보험은 고객의 돈을 자본시장에 투자하고 거기서 비롯된 수익을 고객에게 약속한다. 이 경우 주로 뮤추얼 펀드로 자금이 흐르기 때문에 운용 비용이 높은 편이다. 그리고 높은 운용 비용과 수수료는 실질적인 연수익률에 부정적인 영향을 미친다.

# 부동산,
# 부(富)를 향한 가시밭길

투자를 논할 때 가장 인기 있는 투자 자산으로 선정되어 정기적으로 시상대에 오르는 것이 바로 부동산이다. 주식, 채권 및 기타 유가증권은 컴퓨터 화면상 확인하는 몇 자리 숫자들을 제외하면 일반적으로 '눈에 보이지 않는' 무형자산이다. 반면 콘크리트와 강철로 지어져 명확한 실체가 있는 부동산을 눈으로 확인하면 뭔가 훨씬 더 믿음이 간다. 이미 2천 년 전부터 사람은 주택과 주거 공간을 만들어 그 안에서 생활하기 시작했고, 우리는 날마다 그 공간을 여러모로 활용한다. 그 안에서 생활하고, 일하고, 먹고, 친구를 초대하거나 휴가를 보내기도 한다. 게다가 언제나 부동산이 투자의 최고봉이라고 침이 마르도록 단언하는 친척, 지인 그리고 더 나아가 부동산 업계의 확신이 자꾸 우리를 부추긴다. 그런 만큼 지금이 바로 소위 투자계의 황금 덩어리라고 평가받는 이 부동산 자산을 낱낱이 살펴볼 적기다.

## 임대냐 매매냐, 그것이 문제로다

매월 임대료를 지불하며 타인이 소유한 집에서 생활하는 것도 편한 방법이다. 하지만 어찌 생각해 보면 어리석은 선택이 아닐까? 차라리 매달 꼬박꼬박 임대료를 낼 돈으로 부동산 대출금을 상환하면 직접 집주인이 될 수도 있는데 말이다. 더욱이 지금은 월 임대료보다 주택담보 대출 금리가 더 저렴한 때가 아니던가.

실제로 부동산을 임대하는 것보다 매매가 훨씬 유리할 수도 있다. 하지만 나중에 가면 집을 임대하여 생활한 사람이 재정적인 측면에서 여유로운 경우가 더 많은 것으로 나타났다. 물론 월 임대료를 주택담보 대출의 월 상환금과 직접 비교하는 것은 그리 적절하지 못하다. 부동산 취득 시 부대비용도 무시할 수 없기 때문이다. 취득과 동시에 발생하는 간접비용, 대출이자, 보유 기간에 따른 수리 및 리모델링 비용, 보유세 등이 이에 해당한다.

'임대냐 매매냐?'라는 질문과 관련하여 이 문제에 영향을 미치는 요소들을 제대로 파악하고, 피상적인 대답만 내놓지 않기 위해 앞으로 상반된 두 가지 시나리오를 살펴볼 것이다. 집을 사면 임대료를 내지 않아도 되지만 매수, 유지, 수리를 위한 자금을 조달해야 한다. 재정적 측면에서 어떤 방법이 더 이득일지 계산해 보려 한다. 가령 집을 임대할 경우 임대료를 내고 남은 여윳돈을 소액이라도 연평균 수익률 5%를 올리는 주식시장에 투자하는 방식으로 활용할 수 있다.

## 시나리오 1

르네 에버하르트는 현재 쾰른에서 임대한 집에 살고 있다. 방이 두 칸인 아파트 임대료로 매월 1,000유로(약 160만 원)를 지출 중이지만 늘 집을 사야지 하는 생각을 염두에 두고 있다. 지금까지 2만 유로(약 3200만 원)를 저축해 두었고, 급여에서 집세 명목으로 매월 1,300유로를 지출할 수 있다. 이제 르네는 선택의 기로에 서 있다. 부동산 공인중개사를 찾아서 부동산 매입을 할지, 아니면 계속 임대 아파트에 살면서 임대료를 제하고 남은 여유자금 300유로를 연평균 5%의 수익률을 올리고 있는 주식 상품에 매월 투자할지 말이다.

때마침 르네의 눈에 들어오는 매물이 있었다. 아파트 가격은 25만 유로(약 4억 원)였고, 2만 5천 유로의 간접비용이 필요했다. 부동산 취득 시 발생하는 간접비용은 일반적으로 매입가의 10% 안팎이다. 르네의 마음을 사로잡은 매물은 신축 아파트라 상태가 매우 좋았으므로 유지 관리비가 1.5%, 즉 연간 3,750유로(약 600만 원) 정도로 책정됐다. 만약 르네가 부동산담보 대출을 받는다면 금리 1.5%에 26년 만기 상품이 가능하고, 매월 상환해야 하는 금액은 987유로(약 159만 원)였다. 이는 현재 내고 있는 임대료보다 다소 저렴했다.

만약 르네가 지금 이 시점에 집을 산다면 30년 후 그의 재정 상태에 보탬이 될까? 일반적으로 사람들은 그렇게 생각할 것이다. 하지만 다음 페이지 도표를 참조하면 답은 '아니오'다. 표를 보면

**부동산 매입 정보**

| | |
|---|---|
| 부동산 매입 가격 | 250,000유로 |
| 매입 간접비용 | 10% |
| 부동산 유지 관리비 | 1.5% |
| 월별 유지 관리비 | 312.5유로 |

| | 매매 | 임대 |
|---|---|---|
| 초기 자본금 | 20,000유로 | 20,000유로 |
| 매입비(간접비용 포함) | 275,000유로 | |
| 필요한 대출 금액(금리 1.5%) | 255,000유로 | |
| 월별 대출 상환금 | 987.5유로 | |
| 대출 기간 | 26년 만기 | |
| 주거를 위한 소득 총액(30년) | 468,000유로 | 468,000유로 |
| 임대료 총계(간접비용 제외) | | -360,000유로 |
| 투자 수익(연간 5%) | 5,252유로 | 204,048유로 |
| 유지 관리비 총계 | -112,500유로 | |
| 대출이자 총계 | -52,174유로 | |
| 원금 상환금 총계 | -255,000유로 | |
| 부동산 가치 | 250,000유로 | |
| 30년 후 자산 총액 | 303,578유로 | 332,048유로 |
| **임대 시 발생하는 경제적 이득** | **-28,470유로** | **28,470유로** |

매입 또는 임대에 대한 시나리오 1

30년 뒤 임대 아파트에서 살고 있는 르네가 집을 구매한 르네보다 자산이 28,470유로(약 4600만 원) 더 많다. 어떻게 된 걸까?

임대 아파트에서 생활하며 유지 관리비는 물론 취득 비용과 대출이자까지 절약한다면 '거주비'로 책정한 예산에서 남은 300유로를 재테크에 활용할 수 있다. 그런 식으로 30년이 흐른다면 집을 구입할 경우 자산에 부동산 가치를 반영한다고 해도 '겨우' 303,578유로인 반면, 임대의 경우 자산이 총 332,048유로로 불어난다.

이에 금융시장에 투자하기로 결정한 르네는 복리 효과를 톡톡히 누리며 주식 수익으로 20만 유로 이상을 벌었다. 단순 계산을 위해 매월 거주비에서 남은 300유로를 전제로 산출했다. 물론 실제로는 300유로에서 전기세, 수도세, 난방비 등의 비용이 공제되어야 할 것이다. 하지만 이러한 관리비는 집을 사는 경우에도 똑같이 발생하므로 오직 임대료만 가지고 계산했다. 또한 이 주제를 벗어나지 않도록 부동산 가치 상승이나 임대료 상승 등의 상황도 반영하지 않았다. 하지만 이러한 예시만으로 명확하게 시사하는 바가 있을 것이다. 꼭 임대라고 해서 주변에서 흔히 말하듯 그저 '창문 밖으로 돈을 던져버리는' 선택은 아닌 것이다.

**시나리오 2**

앞의 설정을 조금 변경해 보자. 쾰른의 임대 아파트에 사는 르네는 임대료로 1,100유로를 내고 있다(시나리오 1에 비해 임대료 100유로 인상). 그리고 기존과 동일한 조건이라고 가정하면 자금을 대출하여 구매한 집에서 생활한 뒤 30년이 흐른 시점에는 임대로 생활하는 것보다 약 54,000유로(약 8700만 원)의 자산을 추가로 축적할 수 있다. 30년 동안 임대료가 거의 400,000유로(약 6억 4600만 원)였다. 대출 상환을 마친 후 주거비로 책정한 예산을 그대로 주식시장에 투자한다면 최소 5,000유로의 수익을 올릴 수 있다. 물론 르네가 임대 생활을 할 경우 생기는 160,000유로(약 2억 5800만 원)의 금융 수익보다는 훨씬 적지만 거기에 부동산 가치를 더한다면 최종 순자산 가치는 더 높아질 것이다. 만약 임대료가 월 1,100유로라면 다소 높은 매매 및 취득 간접비용을 감안하더라도 집을 사는 것이 유리하다. 물론 이런 계산도 훨씬 더 많은 돈이 들어가는 유지 관리비가 포함된다면 또 달라질 수도 있다. 그렇지만 그런 항목은 대부분 시간이 많이 흐른 시점에라야 파악할 수 있다.

마지막으로 한 가지 참고해야 할 사항이 있다. 여기에서의 계산은 '집을 살까? 임대할까?'라는 주제에 영향을 주는 요소들이 전부 반영되지 않고 매우 단순한 방식으로 산출된 것이다. 위의 두 가지 시나리오를 통해 설명하려는 사항은 단순하다. 매매와 임대로 사는 것 중 무엇이 더 나은 선택일까? 결국 상황마다 다르며 관련된 여러 조건을 함께 고려해야 한다. 하지만 투자 대상으로 부동산을 선정하는 문제는 명확히 찬성과 반대로 나뉜다.

## 강제 적금과 부동산 투자

대출을 받아 주택이나 아파트를 살 경우 매월 성실히 상환금을 납부하는 것 외에 달리 선택권이 없다(이로써 해당 부동산에 대한 자기자본 비율이 증가한다.). 그러므로 집을 대출하여 사는 사람은 금융기관과 일종의 강제 적금을 체결하는 것이라고 볼 수 있다. 어떤 의미에서는 이런 강제성이 부동산 취득을 찬성하는 쪽이 내세우는 근거 중 하나라고 할 수도 있다. 이러한 강제 적금을 오랜 기간 유지하며 인내심을 보여주는 것이 자산을 축적하는 재테크에 있어 가장 중요한 조건이기 때문이다. 그렇지만 이 논리에는 오류가 있다. 자신만의 철칙이 있다면 자산을 보다 현명하게 늘릴 수 있기 때문이다. 올바른 시스템을 통해 금융시장에 적절히 투자한다면 구태여 강제적인 방식이 필요하지 않을 것이다.

### 주택 구매 시 받는 가족 지원

부모나 조부모가 자녀나 손자들에게 주택 구매를 적극 추천하고, 이에 대해 아낌없는 지원을 해주는 것은 그리 드문 일도 아니다. 만약 그 돈이 실제로 집을 사는 데 활용될 수만 있다면 부동산 매매도 고민해 볼 만할 것이다. 거기에 가족 또는 친인척의 지원으로 추가로 들어가는 간접비용과 대출이자의 상당 부분을 상쇄할 수 있다면 부동산을 사는 것도 그리 어리석은 생각은 아니다.

하지만 최소한 지난 50년 동안의 통계를 살펴보면 실제로 그런 경우에도 자가보다 임대 생활자의 수익이 더 많았다는 사실을 상기해야 한다. 물론 주거비에서 남은 차액을 고스란히 주식과 채권에 투자했다는 단서가 붙는다. 자산관리사 게르트 콤머(Gerd Kommer)는 1970년부터 2020년까지의 부동산의 평균 연

수익과 주식 및 채권 수익의 비교 분석을 통해 그러한 사실을 확인한 바 있다. 특히 1980년대 또는 1990년대에 집을 산 사람은 계속 임대 생활을 하며 여유 자금을 투자한 경우보다 손해가 컸다. 하지만 콤머의 분석에 따르면 새천년이 시작되며 부동산계에 부는 바람의 방향이 달라졌다. 예컨대 2000년에서 2020년 사이는 물론 2010년에서 2020년 사이에 집을 산 사람들은 임대 생활자보다 평균적으로 훨씬 더 이득을 본 것으로 조사되었다. 이를 설명하려면 최근에 이상할 정도로 가파르게 급등한 독일 부동산 가격과 동시에 매우 낮은 부동산 대출금리를 살펴봐야 한다.

### 무시할 수 없는 유지 관리비

특히 집을 사고 수년이 지난 후 발생하는 유지 관리비가 관건이다. 앞에서 살펴본 사례에서는 유지 관리비를 취득 비용의 연간 1.5%로 계산했다. 이는 신축 부동산의 평균값이다. 노후된 건물, 예컨대 도심의 오래된 건물이거나 값비싼 고급 부동산, 단독주택이라면 연간 유지 관리비를 집값의 2~3%로 책정해야 한다. 이 또한 가이드라인을 위한 기준임을 잊지 말자. 향후 50년 동안 지붕 수리업자가 얼마나 자주 방문해야 하는지, 난방 설비는 또 얼마나 자주 보수해야 하는지, 페인트칠은 몇 년 주기로 해야 하는지, 창문과 창틀은 얼마나 자주 보강해야 하는지 등은 오롯이 추정해 보는 것 외에 달리 방법이 없다. 집을 사는 사람들 중 대다수가 이러한 비용을 과소평가하는 경향이 있다.

그러므로 '집세 없이 사는 노후'처럼 상상만 해도 낙원 같은 일은 그저 막연한 상상에 불과하다. 부동산 매입 대금을 전부 상환한 뒤에도 여전히 발생하는 비용이 있다.

### 애물단지로 전락한 부동산

물론 자기 집에서 사는 것만큼 기분 좋은 일이 또 있을까 싶다. 최대한 원하는 대로 집안을 꾸밀 자유도 보장되고, 나중에 자식에게 상속할 수도 있다. 하지만 부동산은 말 그대로 유동적이지 못할뿐더러 수십 년 동안 대출금을 상환해야 한다. 그러다 보면 다른 곳에 돈을 사용하는 옵션은 애초에 사라진다. 부동산을 처분하는 일도 그리 간단하지만은 않다. 집을 사려는 사람을 찾는 일도 전문가의 도움을 받아야 가능하다. 부동산 대출이 전부 상환되지 않은 상태에서 집을 팔아 대출을 청산해야 할 경우 은행에서 일명 중도상환수수료를 청구할 수도 있다. 때로는 이런 추가 비용이 몇백만 원에 이르기도 한다.

게다가 살다 보면 애초에 계획했던 것과 달리 갑자기 집을 팔아야 할 상황도 생긴다. 예를 들어 교외에 집을 사서 몇 년간 살아보니 자연과 함께하는 생활이 자신과 맞지 않아 다시 시끌벅적한 도시로 돌아가고 싶을 수도 있다. 아니면 배우자가 갑자기 멀리 떨어진 다른 도시로 이직할 수 있다. 또한 살다 보니 충분했던 집 크기가 예상과 달리 비좁게 느껴질 수도 있다. 아이들이 생기고 가족이 늘어나면서 집이 좁아지거나, 또 아이들이 집에서 독립하면서 너무 휑하게 느껴지기도 한다. 하지만 이런 고려 사항들이 집을 사는 데 걸림돌이 되어 결심을 포기해야 할 정도는 아니다. 다만 집을 사는 것은 다수의 인생을 뒤바꿀 만한 중대사이므로 신중히 고민해야 한다.

대출 만기 후에도 상환하지 못한 잔금이 남아 있다면 상황에 따라 신규 대출을 진행해야 한다. 물론 금리는 10년 혹은 15년 전에 비해 확연히 높을 것이다. 따라서 신규 대출을 받은 사람은 기존에 비해 늘어난 상환금을 고스란히 감당해야 한다.

### 결국은 라이프스타일의 문제

노후의 안정적인 소득을 마련하는 데 있어 부동산은 특정한 경우에만 적절하다. 그보다 더 중요한 질문은 다음과 같다. 당신은 어떻게 살고 싶은가?

'집을 살까? 아니면 임대할까?'는 사실 재정에 기반한 질문과는 거리가 있다. 오히려 라이프스타일의 문제라고 할 수 있다. 각각의 득실을 더 계산하고 비교할 수도 있겠지만 결국 이는 감정적인 결정일 수 있다. 직접 설치한 우드데크를 따라 아침 산책을 하고, 오후에는 정원에 누워 휴식을 취하는 것이 당신이 바라는 이상적인 모습인가? 아니면 테라스를 설치하거나 집주인의 동의 따위 없이 마음껏 벽을 부수고 확장하고 싶은가? 아니면 인생 프로젝트를 찾아다니느라 가스 보일러가 고장 나거나 벽의 페인트가 벗겨져도 아무렇지 않은가? 자유롭게 세상을 누비고 싶은 갈망이 크고, 하고 싶은 일에 평생을 투자할 준비가 되어 있는가? 이런 질문에 진심으로 대답하다 보면 그 감정이 가리키는 결정을 확인할 수 있다. 자신을 멋지게 미화하려고 할 필요도 없다. 하지만 어떤 결정을 내리든지 고민 끝에 산 집이 경제적 악몽으로 탈바꿈하는 것을 방지하려면 몇 가지 현실적인 측면이 신중히 고려되어야 한다.

부동산을 산다는 것은 인생의 중대사 중 하나다. 이는 수십 년간 힘들게 저축한 돈이 재산적 가치가 있는지 확신할 수 없는 불투명한 투자로 이동한다는 것을 의미한다. 예상치 못한 지출이 생겨도 충분한 여유 자금을 마련할 자신이 있는가? 만약 부부라면 두 사람 중 한 명이 상황에 따라 파트타임 근무로 전환되거나 몇 년 동안 실직 상태여도 매월 대출금을 상환하는 것이 가능한가? 노후 자금은 확실히 확보된 상태인가?

집을 소유함으로써 발생하는 모든 책임과 예측 불가능한 비용을 감당할 준비가 되어 있고, 그런데도 집을 소유하고 싶다는 확신이 섰다면 최대한 빨리 계획을 세워야 한다. 좀 더 구체적으로 말하자면, 매월 소득의 일정 부분을 저축하여 집을 살 때 적어도 취득 시 발생하는 간접비용과 주택 매입 대금의 20~30%를 자력으로 충당할 수 있어야 한다. 특히 성급히 서두르지 말고 신중하게 접근하는 태도를 유지해야 한다. 적당한 매물을 찾고 꼼꼼히 감정해야 한다. 단순히 마음에 드는 것과 별개로 장기적인 측면에서 당신이 세운 자금 계획에 적합해야 한다.

## 부동산 임대로 돈을 벌 수 있을까

투자 명목으로 부동산을 사는 사람들도 많다. 그런 사람들은 주로 자신이 살 집을 임대하여 유동성을 확보하고, 임대 수익으로 대출금을 상환하면 된다고 생각한다. 더욱이 몇 년 후에 상황에 따라 본인이 입주할 가능성도 염두에 둔다. 시간을 두고 봤을 때 결국 부동산 투자는 대부분 경제적인 측면으로 수익성이 있었기 때문이다. 임대 수익은 필요 자금을 충당하는 것뿐만 아니라 재산을 형성하는 데도 기여한다. 또는 시간이 흘러 해당 매물을 더 높은 가격으로 되팔 가능성도 있다. 지난 10년간 독일 대도시 부동산 시세 상승을 고려하면 앞으로도 기대할 만하다 여길 것이다. 뮌헨의 경우 아파트와 주택 가격이 무려 60%나 상승했으며 베를린은 두 배 이상으로 급등했다.

부동산을 통해 누리는 절세 효과도 강력한 매력으로 다가온다. 유지 관리비, 토지 비용, 건물 수리비는 물론 대출이자까지도 필수 경비로 전액 공제가 가능하다. 이런 내용만 보면 아마 부동산 투자로 잘못될 일은 하나도 없을 것처럼 느껴질 것이다. 하지만 안타깝게도 현실은 정반대다. 앞서 설명한 것처럼 만사가 매끄럽게만 진행되는 경우는 거의 없다. 수익을 창출할 투자 대상으로 부동산에 접근하는 것에는 상당한 단점과 리스크가 존재한다. 어쨌거나 부동산 투자는 당첨이 확정된 로또의 6자리 숫자가 절대 아니라는 점을 기억하자.

**부동산의 클러스터 리스크**

 단일 부동산을 구매하고 임대하는 것은 자칫 큰 손실로 이어질 수 있다. 수천 개의 매물을 동시에 구입하는 대규모 투자자는 복합적인 계산으로 수익이 산출되기 때문에 큰 문제가 되지 않는다. 하지만 기업이 아닌 개인은 단 하나의 매물에 모든 것을 걸기 마련이다. 은행 및 금융 용어로 말하자면 '클러스터 리스크(cluster risk)', 즉 '편중 위험'이라는 문제가 발생할 수 있다. 더욱이 자산 가치가 낮은 상태에서 이뤄진 투자는 손실 위험이 높다. 이 경우는 단일 부동산이 그 자산이다. 부동산 임대로 수익을 창출하고 싶다면 향후 30~40년 사이 계획에 없던 일들이 생겨서는 안 될 것이다. 이러한 리스크는 절대 과소평가해서는 안 된다.

**임대를 제2의 직업처럼**

 집주인이 되어 집을 임대하는 일을 느긋하게 아무것도 안 하면서 쉽게 돈을 버는 부업쯤으로 착각하지 말아야 한다. 부동산을 구매하고 수익 창출용 부동산으로 전환하는 순간 당신은 부동산 임대업자가 된다. 이는 전문 지식이 필요한 또 하나의 직업이며, 무엇보다도 시간이 필요하다. 임대업자가 된 당신은 할 일이 산더미처럼 생긴다. 광고를 게시하고 잠재적 세입자를 만나야 하며 수도꼭지에서 누수가 발생했다는 연락이 오면 직접 나서서 해결해야 한다. 또 아파트의 집주인 회의에도 참석해야 하며 연간 부대비용 명세서를 작성하고 보수 관리업체를 고용하거나 리모델링을 직접 맡아서 감독해야 한다. 그러므로 집을 살 만한 가치가 있을지 고민한다면 무엇보다 우선 이런 시간적·감정적 소모를 감당할 여력이 있는지도 고려해야 한다.

**정기적인 임대 수익은 보장되지 않는다**
부동산 매물이 항상 짭짤한 임대료를 보장하진 않는다. 꾸준히 임대가 이어질지는 누구도 확신할 순 없다. 부동산 시장이 어떻게 흘러가느냐에 따라, 그리고 소유한 부동산이 있는 주변 환경에 따라 한시적 또는 장기적 공실 상태가 이어질 수 있다. 그러면 임대료를 받아 대출금을 상환하지 못하는 돌발 상황이 생길 수도 있다. 그리고 은행에서는 이런 상황이나 문제를 전혀 고려해 주지 않는다는 사실을 명심하자.

**실망스러운 가치 상승**
부동산 업계에서 "집은 항상 필요하다."라는 흔한 말이 있다. 지난 몇 년간 부동산 가격이 천정부지로 치솟은 걸 보면 언뜻 그럴듯한 말 같기도 하다. 2016년부터 2020년까지 독일 주택 시세는 인플레이션율에 따라 평균 상승률이 7.4%였다. 하지만 이 짧은 과거의 데이터를 바탕으로 판단해서는 안 된다. 지난 50년간의 가치 상승을 보면 사람들이 생각하는 것처럼 그렇게 놀랍지 않기 때문이다. 1970년부터 2024년까지 독일 주거용 부동산의 연간 가치 상승률은 고작 0.6%에 불과했다(한국은 0.57%). 찬물이라도 맞은 것처럼 정신을 확 깨우는 이러한 수치는 이를테면 독일에 도시가 베를린, 함부르크 그리고 뮌헨만 있는 것이 아니라는 점을 명확히 설명한다. 주요 대도시 외에도 안할트 비터펠트, 보훔, 빌헬름스하벤이나 줄 등의 도시들이 있다. 이 도시들과 주변 지역의 경우 지난 몇 년간 부동산 평균 시세가 하락했다. 도시나 지역의 부동산 시세 변동을 오늘날 정확히 예견할 수 있는 사람은 없다. 만약 미리 그 사실을 안다면 모두가 그곳에 집을 짓거나 집을 사려고 혈안이 될 테니 말이다.

### 비용은 미리 계산할 수 없다

직접 거주하려고 사는 부동산도 그렇지만 투자 명목으로 사들인 부동산 역시 수리, 리모델링비, 유지 및 보수비가 든다. 그리고 그 금액이 1년에 얼마나 들지는 예측하기 어렵다. 더욱이 임대 후 집에서 살게 될 세입자가 주택을 어떻게 사용할지 알 방법도 없다. 배수구에 무엇을 흘려보낼지, 벽지가 얼마나 많이 변색될지, 또는 얼마나 정기적으로 공기를 환기시킬지 어떻게 확인하겠는가?

### 부동산 정책 변화

10년, 20년 또는 30년은 무척이나 긴 시간이다. 이는 정책적으로 무언가를 시도하기에 충분한 시간이기도 하다. 하지만 새롭게 개정된 법안이 개인 임대업자에게 엄청난 영향력을 휘두르기도 한다. 최근 베를린에서는 임대료 상한제를 두고 치열한 힘겨루기가 벌어졌다. 하지만 모든 시도가 무산되면서 수천 명의 부동산 소유자들이 임대업자가 되려는 마음을 단념해야만 했다. 다시 말하면, 개정된 관련 법규가 다시 뒤집히지 않는 한, 매월 발생하는 비용을 그대로 지출할 여력이 없는 사람들이 많다는 의미다. 더욱이 당장 적용되고 있는 부동산 소유자의 세금 혜택 또한 영원히 지속된다는 보장이 없다.

**대기업과의 경쟁**

아파트 임대료가 얼마든 무조건 임대되는 지역이 많아 보여도 실상 부동산 시장은 치열한 경쟁의 장이다. 이 시장은 아파트와 주택을 수십만 채 보유하여 개인보다 훨씬 저렴한 가격의 임대료와 관리비를 제공하는 부동산 기업이 시장을 장악하고 있다. 기업은 자금 조달부터 보험 및 유지 보수까지 많은 비용을 절감할 수 있다. 필요한 자재와 서비스를 대량으로 매입하거나 전문 부동산 투자자로서 공인중개사나 전문 컨설턴트가 필요 없다는 장점도 있다. 임대료를 지불할 세입자를 두고 벌어지는 임대시장의 각축전에서 기업이 아닌 일반 집주인은 처음부터 불리한 선상에서 출발하는 셈이다.

## 부동산에 투자하는 또 다른 방법

콘크리트 덩어리에 돈을 투자하는 것은 아직 벌어지지도 않은 예측 불가의 사항들과 긴밀히 묶여 있다. 앞서 두 가지 사례를 들어 설명한 직접 매매가 부동산 투자의 유일한 방법은 아니다. 이외에도 간접적으로 그리고 부분적으로 훨씬 위험부담이 적은 방법이 있다. 이를테면 클러스터 리스크나 예상하지 못한 유지 관리비처럼 직접적인 부동산 투자로 발생할 수 있는 여러 리스크를 간접투자로 배제할 수 있다. 부동산 부문에서 간접투자가 가능한 상품은 다양하다. 부동산 펀드, 크라우드 펀딩을 통한 부동산 투자, 부동산 기업에 대한 주식 투자가 있다. 하나씩 살펴보자.

**부동산 펀드**

실제로 매물을 사지 않고 부동산에 투자하는 방식으로 가장 잘 알려진 것은 단연 부동산 펀드일 것이다. 부동산 펀드는 개방형 펀드와 폐쇄형 펀드로 구분된다. 두 유형 모두 투자금을 일정 기간 펀드매니저에게 맡기는 방식으로 진행된다. 그렇게 조성된 자금은 오피스빌딩, 쇼핑센터, 주거용 부동산의 지분을 사들이는 데 사용된다. 펀드가 운용되는 동안 투자자는 부동산 기업이 임대 또는 매각으로 벌어들인 수익의 일부를 배당받는다. 이 비즈니스 모델은 궁극적으로 펀드사의 이윤을 창출하는 데 기여한다. 하지만 이 투자 방식은 투자자의 입장에서 불확실성이 크기 때문에 권장하지 않는다.

특히 폐쇄성 펀드는 단점이 많은 편이다. 우선 운용이 끝나는 시점까지 절대로 돈을 다시 손에 쥘 수 없다. 심지어 펀드가 손실을 보고 있어도 불가능하다. 명칭 그대로 '폐쇄형'이기 때문이다. 게다가 투자자의 돈이 정확히 어디로 흐르는지도 대부분 명시하지 않는다. 단일 부동산에 투자하는 경우도 빈번하다. 다시 클러스터 리스크가 발생할 수 있는 것이다. 폐쇄형 부동산 펀드는 증권거래소를 통해 거래되지 않으므로 어떤 감독기관의 제재도 받지 않는다. 판매 전망 또한 한눈에 파악하기 힘들 정도로 복잡하고, 비용도 불투명한 데다가 수수료마저 높다. 이런 점에서 폐쇄형 펀드는 당신의 미래를 준비하는 데 매우 부적합하다고 강조하고 싶다.

개방형 부동산 펀드는 오직 독일에만 있는 상품이다. 이 펀드는 기본적으로 일반 펀드와 동일한 원칙으로 운용된다. 즉, 투자자의 돈을 모아 부동산 프로젝트에 투자한다. 다만 개방형 부동산 펀드는 증권거래소에 상장되므로 폐쇄형 부동산 펀드보다 규제가 강하다. 하지만 이 펀드에도 근본적인 단점이 있다. 예전에는 투자자가 보유한 지분을 언제라도 펀드 운용사에 반환하는 것이 가능했다. 하지만 2008년 금융 위기 이후 펀드를 해지하려는 투자자들이 많이 몰리면서 제한적으로만 반환할 수 있었다. 당시 대부분의 펀드가 해지되는 상황에서 투자자들은 보유 지분을 매우 제한적으로, 큰 손해를 감수한 채 증권거래소에 울며 겨자 먹기로 되팔아야 했다. 펀드매니저 시절 내가 어머니에게 추천했던 펀드도 개방형 펀드였다. 어쨌거나 금융 위기 사태 이후로 개방형 펀드는 최소 2년 이상 유지해야 한다는 조건이 생겼다. 따라서 비용도 폐쇄형 부동산 펀드만큼이나 높은 편이었고 유동적이지 못한 점도 비슷해졌다. 그러므로 개방형 부동산 펀드 역시 재테크에는 부적합하다.

**크라우드 펀딩을 통한 부동산 투자**

최근에는 부동산 투자 목적으로 '크라우드(Crowd)'에 합류하여 '크라우드 투자자'가 되는 것이 유행이다. 크라우드 투자자는 다른 많은 투자자와 함께 주로 부동산 프로젝트 펀딩에 특화된 플랫폼에 자금을 맡긴다. 이렇게 모인 투자자들의 자금을 기반으로 특별 프로젝트의 자금이 조성된다. 예를 들어 신규 주거 단지나 시내 한복판에 들어선 빌딩처럼 말이다. 이러한 크라우드 투자 프로젝트 공급자는 연 3~6% 혹은 그 이상의 수익률이 가능하다고 광고한다. 사전에 설정된 이자 수익은 투자 기간이 만료된 이후 투자자에게 분배된다.

언뜻 보면 매우 혹할 만한 제안처럼 들리지만 이 업계에 발을 들인 투자자는 상당한 리스크를 감수해야 한다. 아예 분배 자체가 불가능한 사례도 적지 않다. 연이은 프로젝트 실패로 프로젝트 개발자가 파산하면 돈을 모조리 날릴까 봐 전전긍긍하는 최악의 상황으로 치달을 수 있다. 프로젝트가 실패할 경우 크라우드 투자자는 모든 채권자 중 가장 마지막으로 돈을 회수하기 때문이다. 실례를 들자면, 2017년 베를린에서 터진 사건은 세간에 커다란 파문을 일으켰다. 약 300명의 개인 투자자들이 125만 유로를 모아 크라우드 펀딩 플랫폼을 통해 연간 7%의 수익률을 약속한 초소형 아파트 조성 사업에 투자했다. 약 1년 후 해당 프로젝트를 진행하던 기업은 파산 신청을 했고, 2018년부터 프로젝트 자체가 완전히 중단됐다. 결국 이 프로젝트에 참여했던 사람들은 전부 투자한 돈을 잃고 말았다.

해당 펀드의 잠재 수익성과 리스크를 비교하면 크라우드 펀딩을 통한 부동산 투자도 굳이 권장하지 않는다.

**부동산 기업 주식에 투자하기**

부동산에 간접적으로 투자하는 방법이 또 있다. 바로 부동산 기업의 주식에 투자하는 것이다. 보노비아(Vonoviea), 독일의 유로숍(Euroshop) 또는 미국 부동산 지주회사 사이먼 프로퍼티(Simon Property)처럼 주식시장에 상장된 부동산 기업은 부동산 매매, 관리 또는 리모델링으로 기업 이윤을 창출하고 있다. 실제로 간접적인 방식으로 부동산 시세 상승을 통한 수익을 취할 수 있는 가장 편안하면서도 매력적인 투자 형태라고 할 수 있다. 이 투자 방식은 뒤에서 자세히 살펴볼 것이다.

핵심 포인트:
## 예측 불가능한 부동산 투자

---

- '임대냐 매매냐?'라는 질문에 정답은 없다. 경제적 관점에서 어떤 방법이 나은지는 개별적 요인을 함께 살펴야 하기 때문이다.
- 부동산을 매입하여 발생하는 비용은 예측하기가 힘들다. 건축 비용과 이자가 갑자기 오를 수도 있고 유지 및 관리비 역시 생각보다 비쌀 수 있으며, 자잘한 결함들이 시도 때도 없이 등장할 수도 있다.
- 이렇게 예측 불가능한 단점에도 불구하고 자기 집에서 살고픈 열망이 크다면 그 꿈을 실현하라. 사실 부동산을 사고 말고는 각자가 선택하는 라이프스타일에 달렸다.
- 만약 집을 사는 방향으로 결정했다면 최대한 빠르게 계획을 세워야 한다. 종잣돈을 모으고 잔금 조달 계획과 같은 다양한 방안을 세워라.
- 부동산 펀드는 위험성이 크고 유동적이지 못하며 불필요한 비용이 많이 발생한다. 굳이 권장하지 않는다. 크라우드 펀딩을 통한 부동산 투자도 리스크가 높은 편이므로 그리 적합하지 못하다.
- 주식시장에서 부동산 기업의 주식을 매수하면 직접 부동산을 살 때 발생하는 비용과 리스크를 피할 수 있다. 부동산 가격 상승에 참여하는 가장 간단하고 매력적인 투자 형태라고 할 수 있다.

# 주식시장을
# 활용하는 간편 투자

주식이란 자신을 망치고 싶지 않다면 애초에 손대지 않는 편이 나을 악마의 걸작이다…. 먼 옛날부터 주식에 대한 이러한 편견이 오랫동안 이어지고 있다.

수십 년째 동일한 메시지를 전달하고 있는 월스트리트를 배경으로 한 할리우드의 영화들이 계속 그 불을 지피고 있다. 주식 딜러는 2천 달러짜리 고급 슈트를 입은 괴물로 그리고, 주식시장은 투기가 판치는 노름판으로 그려졌다. 물론 이러한 클리셰가 완전히 틀렸다고는 할 수 없다.

아무런 정보도 없이 눈먼 상태로 주식거래를 시작하는 것은 흡사 카지노 도박에 뛰어드는 것과 같다. 그렇지만 올바른 방식으로 접근한다면 주식은 당신의 노후를 준비하는 데 매우 훌륭하고 안전한 투자처가 되어줄 것이다.

## 주식이란 무엇인가

모든 가게에는 주인이 있다. 도로 맞은편에 있는 작은 빵집은 물론 코너에 있는 꽃집도 주인이 있다. 주인이 여러 명인 기업도 있고, 주식회사처럼 그 수가 무려 수천 명에 이르는 기업도 있다. 주식회사의 경우 투자된 자본금이 다양한 크기의 몫으로 나뉜다. 그 지분이 바로 주식이다. 특정 기업의 지분 한 주 또는 여러 주를 취득한 사람은 기업의 공동 소유주가 되는 셈이다.

아마 당신이 날마다 사용하는 제품 가운데 이런 주식회사의 제품들이 많을 것이다. 어쩌면 지금 애플 아이폰이나 삼성 갤럭시가 제공하는 인터넷 서비스를 사용하고 있을지도 모른다. 그리고 아디다스 스니커즈의 끈을 질끈 묶고 시내로 향하거나 아마존 직구 상품을 찾으러 나설지도 모른다. 소비자로서 이러한 서비스와 상품을 사용하며 그 대가로 돈을 지불하는 것을 넘어 증시에 상장된 해당 기업이 업계에서 성공을 거둘 때마다 함께 수익을 공유하는 방법도 있다. 해당 기업의 주식을 사면 된다. 주식 투자는 그저 자산이 넘쳐나는 개인 투자자들의 전유물이 아니다. 당신과 나도 불과 몇천 원의 돈을 가지고 기업의 일부를 사들이고 지분을 보유한 공동 소유주가 될 수 있다. 이러한 생각에 오늘까지도 나의 가슴이 벅차오른다.

## 주주가 된다는 것은 어떤 의미인가

주주에게는 기본적으로 빵집 동업자처럼 동등한 권리가 적용된다. 대부분의 주식은 기업의 중요한 결정에 투표권을 부여하고 수익을 공유할 수 있다.

우선 의결권부터 시작해 보자. 주식회사는 1년에 한 번 기업 총회를 개최한다. 먹음직한 핑거푸드와 음료가 한 상 가득 차려진 총회에서 기업의 중대한 결정이 확정된다. 일부는 이사회에서 단독으로 결정되기도 하지만 중요한 결정은 주주들의 의견이 반영되어야 한다. 이때 당신의 목소리가 얼마나 적극적으로 반영되는지는 보유한 주식의 수와 발행된 전체 주식 수에 따라 달라진다. 의결권을 보장하지 않지만 그 대가로 의결권이 있는 주식보다 더 높은 배당금을 지급하는 주식도 있다(우선주).

기업의 주식을 보유한 주주에게는 일반적으로 수익의 일부를 배분받을 자격이 주어진다. 일부 기업은 매년 기업 활동으로 벌어들인 수익의 일정 부분을 주주들에게 배당금 명목으로 지급한다. 그 외에 배당금을 지급하지 않고 기업의 수익을 신규 연구 프로젝트나 지속적인 성장을 위한 개발에 재투자하는 것을 선호하는 기업도 있다. 그러한 사례로 온라인 대형유통 사이트 아마존과 구글의 모회사인 알파벳(Alphabet)은 아직까지 단 한 차례도 배당금을 지급한 적이 없다.

주주에게 배당되는 수익금의 크기는 배당금 지급액과 발행 주식 수에 달렸다. 예컨대 100억 원을 주식 100만 주에 배당한다면 1주당 1만 원의 배당금이 지급된다.

## 주식 투자로 어떻게 돈을 벌 수 있을까

주식 투자로 돈을 벌고 싶다면 배당금 수익 외에 증권거래소에서 주식거래를 통한 시세 수익으로 목표를 달성할 수 있다. 특정 시세에 주식을 사서, 이를테면 10만 원에 매수한 후 해당 주식이 15만 원으로 오른다면 시세차익 5만 원이 발생한다. 기업이 지급한 배당금에 시세 수익이 더해져 일명 주식 수익(시세 수익+배당금 수익)을 형성한다.

   비록 모든 기업은 아닐지라도 증권거래소에서는 많은 기업의 주식이 거래되고 있다. 이는 해당 주식의 배후에 있는 기업이 주식시장에 상장되어 있음을 의미한다. 개인 투자자인 당신이 소액의 자본으로 한 기업의 공동 소유주가 될 수 있는 가장 손쉬운 방법이다. 증권거래소에서 주식을 매수하는 경우 얼마나 투자할 준비가 됐는지, 또 언제 팔고 나와야 할지 스스로 결정할 수 있다. 보유하고 있는 기업 주식에 흥미가 사라지면 당신의 지분을 사들일 상대를 찾느라 몇 개월을 지체할 필요 없이 단 몇 분도 안 걸리는 시간에 처분할 수 있다.

## 주식시장: 유가증권을 위한 이베이식 광고

우선 주식시장이라 하면 수백 년 전부터 매수인과 매도인이 한 장소에 모인 거대한 시장 같은 공간을 떠올릴 것이다. 그것이 현대에 이르러서는 일종의 이베이식 대형 광고판 같아졌지만 말이다. 이베이와 같은 온라인 마켓처럼 주식시장의 상품도 그런 식으로 거래된다. 다만 거래되는 상품이 중고 식탁, 텔레비전, 자전거가 아니라 주식이나 채권을 기반으로 한 금융 상품이라는 점만 다르다. 물론 커피, 원유, 밀 또는 은과 같은 원자재를 구매할 수 있는 특수한 증권시장도 있다.

증권거래소는 구매자와 판매자 사이의 거래를 체계화하기 위해 존재한다. 이베이식 광고와 비교하면 주식시장에는 세 가지 장점이 있다. 표준화되어 있고, 규제받고 있으며, 매우 효율적으로 운영된다.

### 표준화

특정 기업의 주식을 매수하는 순간 그 주식을 산 여느 사람들처럼 지급한 금액에 준하는 주식을 받을 것이라고 확신할 것이다. 무엇보다 취급되는 상품의 품질이 동등하므로 상호 교환이 가능하다는 점이 바로 주식거래에서 가장 중요한 전제라고 할 수 있다.

### 규제

주식시장의 거래는 관련 기관의 감독하에 엄격히 규제된다. 주식시장에 상장을 원하는 기업은 정해진 전제 조건을 모두 충족해야 한다. 또한 규제 기관의 감독하에 정기적으로 기업의 대차대조표를 공시해야 한다. 온라인 쇼핑으로 구입한 가죽 소파는 혹시 사진과 다르지 않을까 걱정하기도 하지만 주식시장에서는 바가지를 쓰지 않을까 걱정할 필요가 없다.

### 효율성

소매를 걷어 올린 남자들이 세 개의 수화기를 저글링하며 여기저기 급하게 매수 주문을 외치던 고전적인 증권거래소는 이제 전자거래로 대체됐다. 유가증권의 거래 전체가 자동화되었고 단 몇 초 만에 매수자와 매도자를 연결하는 플랫폼을 통해 주식 시세가 공시되고 거래가 체결된다. 그러므로 주식시장은 세계에서 가장 효율적인 시장이라 할 수 있다.

## 주식시세는 어떻게 결정되는가

주식시장에서 얼마에 주식을 살 수 있는지는 수요와 공급에 달려 있다. 이는 '실물' 경제와 동일하다. 예컨대 가문비나무 공급량은 예년과 동일한데 갑자기 일어난 건설 붐으로 전 세계에서 목재 수요가 폭발적으로 늘어난다면 가문비나무의 가격은 오르기 마련이다. 반면 목재의 수요가 줄어들고 제재소마다 목재가 남아돈다면 가격은 떨어질 것이다.

주식시세도 마찬가지다. 매수를 원하는 구매자가 매도하려는 판매자보다 많다면 가격은 수요가 충족될 때까지 계속 오를 것이다. 반대로 공급은 많은데 수요가 적다면 이는 시세 하락을 의미한다. 판매자들이 유가증권을 처분하고 싶어 하는 희망 가격에 구매하려는 매수자들이 늘어날 때까지는 그렇다. 최대한 판매자와 구매자가 만족할 만한 가격을 찾는 것이 바로 주식시장의 목적이다.

주식거래 플랫폼을 살펴보면 수백만 주에 달하는 기업의 주식 소유주가 날마다 바뀐다. 전 세계에서 수백만 명에 이르는 투자자들이 온라인 시장에 전부 모이는 것이다. 그로써 주가는 1초 만에도 수차례 뒤바뀌고, 시세 변동은 롤러코스터를 타는 것과 다름없다. 주가가 언제 최고점이 되었다가 언제 다시 떨어질지는 누구도 예측할 수 없다.

지구 반대편에 있는 누군가가 애플 주식을 대량으로 사들이는 데는 무수한 이유가 있을 것이다. 어쩌면 목돈을 상속받은 후 자신의 행운을 주식시장에 걸어보고 싶을 수도 있다. 또 어디선가에서는 사업이 침몰하면서 보유한 유가증권을 청산하려는 것일 수도 있다. 이러한 각양각색의 이벤트가 1초마다 동시다발적으로 일어나며 주가를 요동치게 한다. 18세기의 대표적인 물리학자 아이작 뉴턴도 "천체 궤도는 센티미터와 초 단위로 측정할 수 있지만, 주가가 어느 방향으로 변동할지는 전혀 예측할 수 없다."라고 말했다.

대부분 주가는 기대 심리에 따라 움직인다. 많은 시장 참여자들이 테슬라 주식이 다음 주에 뛰어난 사업 성과를 발표할 것이라 예상하는 순간 해당 기업의 주가는 천정부지로 치솟는다. 만약 그 기대가 제대로 충족되지 않으면 투자자들이 주식을 빠르게 처분하면서 주가도 하락한다. "주식시장에서 거래되는 것이 미래"란 말이 괜히 있는 것이 아니다. 기대, 우연한 사건, 두려움, 들뜸 및 불안과 같은 감정이 복합적으로 버무려지며 공급과 수요에 영향을 미친다. 그러면 마치 크리스마스 파티 후 들썩이는 임직원들의 마음처럼 적어도 단기적으로 주가가 들썩인다. 장기적으로 보면 상황이 또 다를 수도 있겠지만, 그것은 나중에 별도로 살펴볼 예정이다.

### 수익에는 리스크가 따른다

인생에서 성공을 바라는가? 그렇다면 리스크를 피하지 말고 맞서야 한다. 가장 먼저 안전지대를 벗어나라. 잘할 수 있을지 확신은 없어도 예전부터 눈여겨보았던 위치로 이직 제안이 온다면 다소 위험을 감수하더라도 과감히 도전해 봐야 한다. 그렇지 않으면 앞으로 나아갈 수 없다. 수익 창출 가능성이 있는 투자 또한 마찬가지다. 수익성이 높은 투자일수록 항상 가치 변동이라는 리스크가 공존한다.

　주식을 보유 중이라면 엄연히 주식회사인 한 기업의 공동 소유주이므로 해당 기업의 리스크까지 공유해야 한다. 기업의 성장 곡선은 일직선이 아니다. 때로는 가파르게, 때로는 완만하게 성장하며 극복해야 할 위기나 도전 과제 같은 불확실성이 등장하면 기업 가치가 크게 요동친다. 그 여파가 보유한 주식의 가치에도 반영된다. 하지만 기업 리스크로 기업 가치가 고점과 저점을 오가는 상황에서도 사업에 필요한 자금을 조달하는 데 기여하면 추후 배당금이나 시세 수익이라는 형태로 보상을 받는다.

　이런 논리는 증시에 상장된 대기업과 그 주주는 물론 길 건너편 모퉁이의 작은 미용실에도 적용된다. 물론 위기가 닥칠 때마다 나중에 꼭 보상이 따른다는 의미는 아니다. 만약 그렇다면 리스크라고 부를 수 없다. 상황에 따라 기업의 활동 영역이 일보 뒤로 크게 후퇴할 가능성도 있다. 그리고 주주이자 공동 소유주인 당신은 그 책임을 함께 져야 한다.

**변동성: 수치로 보는 리스크**

　주식의 가치 변동, 즉 리스크는 측정 가능하다. 이를 위한 몇 가지 주요 수치가 있는데, 그중 하나가 변동성이다. 백분율로 나타내는 이 수치는 주가가 평균값에서 얼마나 벗어났는지를 보여준다. 평균값이란 일반적으로 지난 1년 동안 주식 또는 주식시장이 창출한 평균 수익률을 말한다. 주식시세 또는 시장 전체의 변동성이 클수록 그 기간 내의 주가 변동도 크다. 쉽게 말하자면 시세 변동 형태의 리스크가 클수록 리스크를 나타내는 변동성도 커진다고 할 수 있다.

## 득이 되는 리스크와 득이 없는 리스크

주식시장에 투자하는 사람은 투자 과정에서 여러 리스크와 마주하게 된다. 그중에는 득이 되는 리스크도 있고, 그렇지 못한 리스크도 있다. 모든 유형의 리스크가 감수할 가치가 있는 것이 아니다. 리스크까지 떠안는다는 것은 그 보상으로 반드시 기회가 주어져야 하기 때문이다. 이에 대해 좀 더 자세히 살펴보자.

### 득이 되는 리스크: 시장 리스크

'시장 리스크'라 함은 일반적으로 주식시장 전체의 주가 변동을 말한다. 상당량의 주식 종목 시세가 단번에 하락하는 리스크다. 이런 상황은 반복적으로 일어나며 그 도화선은 매번 다를 수 있다. 금리 변동, 국제 정치 이슈나 전반적인 경제 문제로 인한 부담이 주식시장에 반영되며 급격한 변동으로 이어지기도 한다. 2020년을 강타한 코로나 팬데믹이나 미국의 관세 정책 등이 대표적이다. 코로나 팬데믹 당시의 시장 리스크는 극히 일부 업계를 제외하면 경제 전체에 엄청난 파급효과를 몰고 왔는데, 당시 주가가 무려 30%까지 곤두박질쳤다(얼마 지나지 않아 반등했다.).

하지만 이러한 시장의 변동성을 이겨낸다면 장기적으로 볼 때 큰 수익으로 보상받을 수 있다. 한 해에 주식시장 전체 수익률이 연간 9%였다가 그다음 해에는 갑자기 마이너스 3%로 하락할 수도 있다. 또 마이너스 20%까지 추락한 주가가 그다음 해에는 30%의 수익률을 기록하기도 한다. 아무튼 장기간 두고 보면 결국 평균수익률에 의한 수익으로 결실을 얻을 것이다. 이렇듯 장기 보유 측면만 놓고 본다면 성과는 평균적으로 긍정적인 편이다. 그러므로 주식 투자에서 시장 리스크는 감수할 만한 가치가 있는 리스크임이 분명하다.

### 득이 없는 리스크: 개별 종목 리스크

주식 투자에는 일반적인 시장 리스크 외에도 각 기업만의 고유 리스크가 존재한다. 그것을 일명 '개별 종목 리스크'라고 한다. 이는 각 기업에 적용되는 특정 리스크를 말한다. 이를 통해 시장 전체가 얼어붙는 조짐이 있을 때 특정 종목이 추가로 하락하는 리스크에 대비할 수 있다. 예를 들면 기업의 유동성 문제로 결제가 원활히 진행되지 않아 부채를 갚지 못하는 리스크(유동성 리스크)가 있다. 또는 공급 업체의 채무불이행으로 생산이 중단될 수 있다(공급 업체 리스크). 단순한 관리 및 경영 문제로 리스크가 발생하기도 한다(경영 리스크). 개별 종목 리스크 사례는 이외에도 많다. 온라인 기업의 경우 새로 구축한 IT 시스템이 새로운 보안 기준에 부합되지 않을 수도 있다. 이런 이벤트가 공시되면 기업은 평판을 잃게 된다. 반품과 매출 손실이 뒤따를 테고, 주식거래에 큰 타격을 받거나 진행하던 합병이 무산되는 결과로 이어질 수 있다.

주식시장 전체에는 무관해도 특정 업계에 개별적으로 반응하는 리스크도 있다. 예컨대 유가 상승이 일어나면 원자재 의존도가 높은 사업 부문의 기업은 큰 어려움을 겪을 수 있다. 그중에서도 에너지 산업, 화학 산업 또는 플라스틱 제조업 등의 타격이 가장 크다. 마찬가지로 정책 변화, 징벌 관세가 엮인 무역 분쟁, 관련 법규 변동이나 지원금 감소 발표와 같은 이슈는 특정 종목의 주가에 부정적인 영향을 미친다.

특정 종목이 순식간에 밑도 끝도 없이 곤두박질치는 경우는 극히 드물다. 한 기업의 주가가 몰락하는 경우 장기간 이어진 잘못된 경영 결정이 수년 또는 수십 년간 누적되었기 때문이다. 과거에 세계를 떠들썩하게 했던 여러 유명 사례를 살펴보면 이런 특징을 관찰할 수 있다. 가령 쇼핑몰의 등장으로 잇따라 고객이 이탈하면서 찾아온 독일 백화점 체인 카를슈타트(Karlstadt)의 몰락을 예로 들 수 있다. 현재 해당 백화점 체인은 파산 절차를 진행 중이다. 수십 개에 달하는 지점이 문을 닫았고, 수천 명의 직원이 해고됐다.

또 현대화에 실패하고 나날이 저렴해지는 경쟁사의 압박에 항공사 중 에어베를린, 사진 분야의 선구자였던 코닥, 캐나다 기업 RIM, 출시 후 선풍적인 인기를 끌었던 블랙베리 휴대폰이 적자에 허덕였다. 결국 해당 업계의 거물이었던 기업들은 연이어 고꾸라졌다. 처음에는 고객의 수와 매출이 감소하며, 그 이후 증권거래소에 상장된 주식시세에 고스란히 반영된다. 한때 유행에 민감한 중산층 젊은이들을 사로잡았던 레스토랑 체인 바피아노(Vapiano)의 몰락은 해당 체인이 시도한 셀프서비스 콘셉트가 이제는 한물간 구형 콘셉트임을 입증한 셈이다. 쾰른에 기반을 두고 2002년 창립된 이 기업은 사업이 확장되자 2017년 증시에 상장했다. 상장 당시 주가는 약 23유로였으나 현재는 20센트에 불과하다.

## 무리한 리스크를 감수하며 투자할 필요는 없다

당신은 돈을 잃을 위험마저 감수하며 투자하는 유형인가? 최악의 시나리오 중 하나가 터지면서 주식시세가 하락할 수 있다는 위험을 감수하며 투자했더라도 보유한 주식의 수익률 전망이 자동으로 좋아지진 않는다. 수익률 전망은 동일하다. 리스크가 훨씬 높은 곳에 투자한다고 해서 꼭 수익이 생길 가능성까지 높아지는 것은 아니다. 이러한 위험을 감내하면서까지 투자했어도 보상받지 못할 수 있다.

그러므로 주식 투자에 대한 불안감이 아주 근거 없진 않다. 각 종목을 매수하며 빠른 수익을 꿈꾸는 것은 사실 룰렛 게임이나 다름없다. 해당 기업과 그 주가가 어떻게 변동될지 그 누구도 예측할 수 없다. 펀드매니저 또는 자칭 전문 트레이더라고 하는 투자자들 또한 그들이 뽐내는 전문 지식과 다년간의 경험을 가지고도 증시를 완벽히 투시하는 저력을 입증하지 못했다.

그러므로 나는 개인적으로 어떤 주식을 사야 할지, 또 무엇을 계속 보유해야 할지 고민하지 않는다. 첫째, 테슬라나 아마존 주식 중 무엇을 처분하는 것이 좋을지 기업의 대차대조표를 검토하느라 머리를 굴리고, 복잡한 계산을 하는 데 내 소중한 시간을 할애해야 하기 때문이다. 둘째, 그 과정에서 잘못된 판단이 도리어 큰 타격으로 돌아올 가능성도 배제할 수 없다. 그러므로 개별 종목 고유 리스크는 감수할 만한 가치가 없다.

하지만 희소식이 있다. 굳이 리스크에 불안해하며 투자하지 않아도 된다. 분산투자를 하면 충분히 가능하다.

## 분산투자라는 기적의 무기

분산투자란 단일 종목이 아닌 여러 종목에 투자하는 것을 말한다. 주식을 두 종목에 투자하면 단일 종목에 투자하는 것에 비해 분산투자가 되었다고 할 수 있으나 그 효과는 미미하다. 여기서 세 종목으로 늘어나면 분산 효과가 그보다는 높아지며 300종목이 되면 훨씬 더 높아진다. 그렇게 각기 다른 지역과 업종의 주식을 수천 종목으로 확장하여 투자하다 보면 언젠가 분산투자의 정점에 도달할 수 있다. 그리고 바로 이것이 당신의 주식 투자에 꼭 필요한 분산투자 방식이다.

## 분산투자를 하면 무엇이 좋을까

분산투자는 투자 손실 리스크를 크게 줄여준다. 광범위한 투자로 개별 종목 리스크가 무의미해지기 때문이다. 그렇지만 무엇보다 중요한 수익성 측면에서 보면 최고의 선택이라고는 할 수 없다.

당신에게 투자 가능한 여윳돈이 2천만 원이 있다고 가정해 보자. 이 돈을 단일 종목에 전부 투자하지 않고 수천 종목에 달하는 다양한 주식을 조금씩 매수했다. 언제라도 주가가 급락하는 사태가 벌어질 수 있다. 하지만 이렇게 폭넓게 분산투자된 포트폴리오를 보유하면 폭락장에서도 큰 타격을 입지 않는다. 주가 반등이 시작되면 폭락했던 종목의 주가가 두 배로 훌쩍 뛰어오르기도 하고, 또 어떤 종목의 주가는 50%만 상승하거나 10배나 오른 종목도 생긴다. 이때 보유한 주식의 손실이 생긴다면 분산투자로 상쇄할 수 있다.

만약 전 세계에 투자할 의향이 있다면, 즉 여러 대륙과 지역의 종목을 골고루 선정하여 최대한 분산투자를 해야 한다. 여기에서 전 세계 시장을 아우르는 글로벌 포트폴리오에 대해서 언급할 수 있을 것이다. 글로벌 포트폴리오 투자로 투자금 전체를 날려버린다는 의미는 세계 경제가 동시에 파산한다는 것을 의미한다. 순전히 이론상으로는 그러하다. 하지만 실제로 그런 파국이 실현된다면 아마 당신과 나는 주식 잔고를 살피는 것보다 더 큰 문제로 골머리를 썩이고 있으리라 생각한다.

앞서 살짝 언급한 것처럼 분산투자로 안전성을 확보한다고 해서 그것이 수익 증대로 이어지는 것은 아니다. 과거 사례를 살펴보면 잘 알 수 있다.

다음 페이지의 도표는 연도별 주가 변동은 물론 각기 다른 세 가지 포트폴리오의 변동성을 비교하고 있다. 첫 번째 포트폴리오(왼쪽)는 세 가지 종목 투자로 구성되어 있다. 이를테면 아마존, 엔비디아, 테슬라처럼 각기 다른 업종에 속한 기업을 선택할 수 있다. 두 번째 포트폴리오(가운데)는 서른 가지 주식 종목으로 구성된 독일의 주가 기초지수 DAX(독일 시가총액 상위 40개 기업으로 구성된 지수. 정식 명칭은 DAX 40)에 투자했다. 세 번째 포트폴리오는(오른쪽) MSCI World 지수, 즉 선진국 23개국의 1,600개 종목이 편입된 글로벌 주가지수에 투자한다.

도표를 보면 광범위한 분산투자가 매우 효율적이라는 것을 알 수 있다. 그리고 변동성의 사례도 엿볼 수 있다. 포트폴리오 3의 변동성이 가장 낮고(17.6%), 포트폴리오 1이 가장 높다(24.5%). 광범위하게 투자할수록 변동성은 줄어든다. 각각의 연도를 살펴보면 이를 쉽게 알아차릴 수 있을 것이다. 예컨대 2005년 자산을 세 가지 개별 종목에 전부 투자했다면(포트폴리오 1) 당신의 자산은 약 24.4% 늘어나겠지만, 2018년에는 28.6%의 손해를 기록할 것이다. 그 대신 2천만 원을 여러 주식 종목에 고르게 분산투자 했다면(포트폴리오 3) 2005년에는 비록 수익이 적은 편이겠지만

| | 세 가지 종목 투자 | DAX | MSCI World |
|---|---|---|---|
| 2005 | 24.4% | 27.1% | 10.0% |
| 2006 | 23.2% | 22.0% | 20.7% |
| 2007 | 15.9% | 22.3% | 9.6% |
| 2008 | -43.9% | -40.0% | -40.3% |
| 2009 | 26.4% | 23.8% | 30.8% |
| 2010 | 54.7% | 16.1% | 12.3% |
| 2011 | -2.6% | -14.7% | -5.0% |
| 2012 | 24.8% | 29.1% | 16.5% |
| 2013 | 24.0% | 25.5% | 27.4% |
| 2014 | 8.9% | 2.7% | 5.5% |
| 2015 | 31.2% | 9.6% | -0.3% |
| 2016 | 9.6% | 6.9% | 8.2% |
| 2017 | -8.7% | 12.5% | 23.1% |
| 2018 | -28.6% | -18.3% | -8.2% |
| 2019 | 15.1% | 25.5% | 28.4% |
| 2020 | -12.8% | 3.5% | 16.5% |
| 분산투자 | 👎 | 🤏 | 👍 |
| 수익률 | 4.7 % | 5.0 % | 5.2 % |
| 변동성 | 24.5 % | 19.5 % | 17.6 % |

포트폴리오 유형별 수익과 변동성(2005~2020)

2018년의 손실도 감소했을 것이다. 이러한 예시에서 알 수 있듯이 리스크가 줄어든다고 수익이 늘어나는 것은 아니다. 15년 동안 포트폴리오 3을 추종했다면 연평균 5.2%의 수익을 올렸을 것이고, 세 가지 개별 종목에 투자한 경우 연평균 4.7%의 수익을 올렸을 것이다. DAX 지수에 투자한 포트폴리오 2는 연평균 5%의 수익을 달성했다. 물론 어떤 주식을 선택하느냐에 따라 이 수익률도 달라질 것이다. 광범위한 분산투자를 실행한 포트폴리오가 달성하려는 평균 기대 수익률을 안정화시키고 리스크를 감소시킨다는 것만큼은 확실하다.

이러한 연평균 수익률이 주식 투자에 매력을 느끼게 만드는 가장 큰 이유일 것이다. 2002년과 2021년 사이 전 세계 주식시장의 평균 수익률은 인플레이션율을 감안해도 무려 7%에 달했다. 이는 그 어떤 투자처보다 높은 수익률이다. 물론 전부 맞는 말이라고 인정해도 앞으로 계속 그렇게 이어지리라는 보장이 있을지 의문이 들 수 있다. 하지만 무엇보다 다음의 두 가지 명제가 앞으로도 주식이 긍정적인 수익률을 달성할 것이라고 말하고 있다.

### 기업의 노력은 계속된다

주식은 경기에 의존한다. 주식회사인 기업이 성공적으로 사업을 운영하고 더 많은 연간 수익을 창출할수록 그 기업의 주식을 찾는 수요가 늘어난다. 그리고 기업이 계속 상품과 서비스를 개발하고 제공하는 한 향후 100년 동안은 더 많은 매출을 창출할 것이다. 또한 경쟁 선상의 기업들은 항상 개발과 기업의 발전을 위해 새로운 해법을 고안하는 데 전념한다. 기존 상품을 보다 효율적이고 저렴하게, 또는 성능의 최적화를 위해 최선을 다한다. 당장 우리가 날마다 사용하는 상품과 서비스를 제공하는 기업이 우리에게는 앞으로도 계속 필요할 것이다. 물론 상황에 따라 기업의 상호는 달라질 수도 있다. 하지만 전반적인 경제는 앞으로도 계속 유지될 것이다.

또한 고객층 역시 부족하지 않을 것이다. 2100년이 되면 전 세계의 인구는 110억 명이 될 것으로 추정되며, 이는 현재 대비 약 40%가 증가한 수치다. 이러한 인구 증가는 앞으로도 주식시세가 장기적으로 오를 거라는 두 번째 근거가 된다.

**인간의 욕구는 무한하다**

보편화된 표준, 포화와 대량 소비의 기준에서 한참 뒤처진 지역이 아직도 이 지구상에는 상당하다. 그러므로 새로운 상품과 서비스에 대한 수요는 쉽사리 줄어들지 않을 것이다.

하지만 경제성장이란 더는 조립라인에서 더 싼 제품이 생산되고 대형 공장이 연이어 설립되어야 한다는 것을 의미하지 않는다. 현재 우리는 일종의 '건강한 경제성장'이 가능한 시대라는 것도 분명히 알고 있다. 지속가능성, 기후 보호, 미니멀리즘이라는 테마와 관련하여 이미 수십억 달러 규모에 이르는 비즈니스가 탄생했다. 공정하게 생산된 의류와 식물성 식품이 시장에서 거침없는 성장세를 이어가는 사이 창립한 지 200년 된 대기업은 수소를 활용하여 철강을 제조하기 시작했고, 항공업계는 저공해 항공기를 개발하고 있다. 또한 공유 경제모델이 급성장하고 있다. 요컨대, 소비와 대량생산만이 경제를 움직이는 유일한 방안이 아닌 것이다. 양보다는 질을 높이며 성장을 꾀할 수 있다.

장기적인 관점에서 보면 수천 가지 주식 종목을 매수하는 분산

투자는 긍정적인 수익률을 달성할 가능성이 매우 높다. 그 정도로 투자하려면 언급하기조차 버거운 자금이 필요한 건 아니냐고? 그렇지 않다. 왜냐하면 한꺼번에 많은 종류의 유가증권을 매수하도록 정확하게 설계된 맞춤 금융 상품이 있기 때문이다.

핵심 포인트:
## 주식은 훌륭한 재테크 수단이다

---

- 주식을 매수하면 해당 기업의 주식을 보유한 공동 소유주가 된다.
- 주식을 매수하면 주식시장의 시세 상승 및 배당금 지급을 통해 수익을 실현할 수 있다.
- 주식은 유가증권의 가격이 결정되는 증권거래소에서 거래된다. 대부분 공급과 수요 및 여러 기대 심리에 영향을 받는다. 이런 요인은 주가가 일시적으로 변동하는 원인이 되기도 한다.
- 단일 종목에 단기적으로 집중투자하는 것은 리스크가 매우 크다. 종목마다 그 기업만의 리스크가 존재하기 때문이다.
- 개별 종목 리스크를 피하려면 한 번에 여러 종목에 투자하여 리스크를 분산시킬 수 있다.
- 주식시장의 일반적인 변동성은 여전히 있지만, 15년 또는 그 이상 주식을 보유함으로써 이를 극복할 수 있다.
- 전 세계 주식시장에 대한 광범위한 투자를 장기적으로 이어가면 목표로 하는 연평균 수익률을 달성할 수 있다.

# 펀드: 패키지로
# 증권을 쇼핑하다

"인생은 초콜릿 상자와 같다."라고 생각한 할리우드 영화의 주인공 포레스트 검프는 "무엇이 나올지 절대 알 수 없으니까."라고 덧붙였다. 주식도 이와 비슷하다. 포장지 안에서 어떤 초콜릿이 나올지는 오롯이 운에 달렸다. 코냑이 든 초콜릿을 집어들려면 서둘러 신발 끈을 묶어야 한다. 그러므로 여러 가지 초콜릿이 섞여 있는 패키지를 구매하는 방법이 훨씬 이득일지도 모른다. 대형 패키지에 편입된 주식 또한 마찬가지다. 손해와 수익은 서로를 보완한다.

금융 업계에서 초콜릿 상자란 펀드를 말한다. 펀드는 아마 가장 실용적인 발명품일 것이다. 독일에서는 1950년대부터 시장에 등장했으며, 현재 전 세계에 10만 개가 넘는 다양한 상품이 운용되고 있다.

## 펀드의 원칙: 큰 그림에서 각각의 몫으로

뮤추얼 펀드의 경우 수백 또는 수천이 넘는 투자자들이 동시에 돈을 투자하고 그 대가로 해당 펀드의 지분을 받는다. 그렇게 조성된 자금이 수천억 원에 달할 수도 있다. 이 자금은 펀드 운용사에서 관리 및 투자를 한다. 펀드의 목표는 바로 돈을 불리는 것이다. 그리고 펀드의 성향이 무엇이냐에 따라 조성된 자금은 주식(주식형 펀드), 부동산(부동산 펀드), 원자재(원자재 펀드) 또는 채권(채권 펀드)으로 흘러 들어간다. 이외에도 여러 자산군(asset class)이 결합된 혼합 펀드가 있다. 예컨대 동시에 주식이나 채권, 원자재 등에 투자하는 펀드 상품이다. 투자자의 자본이 어디로 흐르는지, 또 어떠한 규정에 따라 투자되는지에 관한 정보는 누구에게나 공개된, 일명 펀드 투자 설명서에 명시되어 있다.

  규정 중 하나를 소개하자면, 펀드는 단일 주식 종목이나 단일 부동산에 투자할 수 없으며 여러 유형자산에 나누어 투자해야 한다고 명시되어 있다. 일부 주식형 펀드는 동시에 수천 가지 개별 주식 종목에 투자하기도 한다. 그로써 매우 강력한 분산투자가 이뤄진다. 개인 투자자가 보유한 돈의 일부를 이런 펀드에 투자하면 자동으로 폭넓게 분산되어 투자로 인한 개별 종목 리스크가 현저히 감소한다. 그러므로 펀드야말로 분산투자를 하기에 매우 효과적인 도구다.

  한 주식형 펀드에서 수만 명의 투자자로부터 총 1천억 원을 조성하여 전 세계에서 가장 큰 사업 규모를 자랑하는 종목에 투자한다고 가정해 보자. 시간의 경과에 따라 증시에서 이 그룹의 주가가 어떻게 변동하느냐에 따라 펀드의 시세가 결정된다. 만약 해당 펀드에 100만 원을 투자했다고 가정하면 이러한 시세 변동을 직격탄으로 체감하게 될 것이다. 펀드 시세가 5% 상승하면 당신의 자산도 5%만큼 늘어난다. 그러므로 투자한 100만 원은 105만 원으로 불어난다.

**펀드 자금은 특별 자산이어서 안전하다**

만약 펀드 운용사가 갑자기 파산하면 어떻게 될까? 그렇다고 해도 투자자에게는 특별히 큰 문제가 되지 않는다. 펀드 자본은 특별 자산으로 분류되기 때문이다. 펀드 운용사의 자산과 구분되어 관리되므로 펀드 운용사가 파산한다고 해도 투자한 돈에 대해서 걱정하지 않아도 된다. 이는 주택 관리업체에서 주택을 관리해 주는 것과 마찬가지다. 관리업체가 파산해도 당신의 소유인 주택에는 아무런 영향이 없으므로 새 관리업체를 선정하면 그만이다.

뮤추얼 펀드는 굉장히 효율적인 방식으로 시간과 돈을 절약해 준다. 예컨대 이러한 펀드가 없다면 뉴욕증권거래소에서 가장 규모가 큰 대형 종목을 매수하거나 유럽의 500대 기업에 투자 의사가 있을 때마다 매수에 앞서 각각의 수많은 유가증권을 직접 분석해야 했을 것이다. 온종일 매달려서 집중해야 하는 본업처럼 종목 분석에 몰두해야 함은 물론 비용도 만만치 않았을 것이다. 개별적으로 주식을 매수할 경우 일반적으로 '패키지'로 사는 것보다 훨씬 많은 비용이 들기 때문이다.

좋은 펀드인지, 그저 그런 펀드인지 어떻게 알 수 있을까? 가장 중요한 지표는 바로 수익률, 즉 펀드가 달성한 수익이다. 지난 한 해 한 펀드의 시세가 약 5% 상승했다고 하면 투자할 만한 펀드일까? 그렇게 일반화할 수는 없다. 먼저 같은 기간 해당 펀드가 추종한 인덱스(Index: 지수)가 달성한 수익률을 먼저 봐야 한다.

## 인덱스: 주식시장에서 방향을 설정하는 바로미터

인덱스(주가지수)는 편입된 집단의 가치를 바탕으로 특정 기간에 해당 집단의 가치가 어떻게 발전하는지를 나타낸다. 이는 주식시장의 추이를 나타내며 바로미터처럼 이를 측정하는 데 쓰인다. 주식시장에는 수백, 수천 종에 이르는 개별 종목이 상장되어 있다. 그중 일부는 주가가 상승하고 또 일부는 하락한다. 주가의 변동을 나타내는 주가지수는 포인트 값을 사용하여 각 개별 종목의 시세 변동을 설명한다. 하루에 주가지수가 1~2% 상승한다면 이는 일반적으로 그 지수에 포함된 종목의 수요가 어제보다 많았으며 평균 주가가 상승했다는 것을 의미한다.

전 세계적으로 수천 개나 되는 주가지수가 있지만, 투자자에게 직접적으로 의미 있는 지수는 극소수다. 독일의 대표 주가지수인 DAX는 독일 프랑크푸르트 증권거래소에 상장된 40개 대형 우량주로 구성되어 있다. DAX는 지역 기반의 지수여서 독일 기업으로 제한하고 있다. 이와 달리 유럽 경제를 반영하는 글로벌 지수도 있다. 잘 알려진 글로벌 지수로는 MSCI World가 있다. 이 지수는 23개 선진국에 속한 총 1,600개가 넘는 기업을 선정하여 전 세계 선진국 주식시장의 흐름을 측정한다.

또한 특정 산업 분야에 초점을 맞추는 지수도 있다. IT 기업, 제약 회사 또는 식품 제조 기업을 선정한 후 각 산업에서 적극적인 사업을 펼치는 상장 기업으로 지수를 구성하는 것이다. 일부 지수는 증권거래소 자체에서 작성된다. 예컨대 DAX는 독일 프랑크푸르트 증권거래소에서 작성한다. 반면 MSCI World는 지수를 산출하는 데 특화된 기관인 MSCI에서 총괄한다.

지수에는 특정 기준을 충족한 선별된 주식 종목만이 편입된다. 그러므로 주가지수는 매우 독점적인 클럽이라고 할 수 있다. 예컨대 DAX에 편입되려면 무엇보다 독일 상장 기업 중 '밸류가 높은' 기업으로 선정되어야 한다. 좀 더 구체적으로 말하자면 시가총액이 높은 기업을 말한다.

**시가총액이란?**

시가총액(Market Cap)을 간략히 설명하자면, 주식시장에서 기업이 지닌 가치를 말한다. 주식 수(시장에서 거래되는 주식으로, 단일 대주주의 소유가 아닌 주식)와 그 시세를 기반으로 정해진다. 기업의 시장가치가 높을수록 시가총액은 높다. 또한 상장 기업을 시가총액에 따라 순위를 매기는 지수에서 특히 더 큰 비중을 차지한다. MSCI World를 비롯한 대부분의 지수가 시가총액을 중요한 지표로 판단한다.

지수별로 다르지만 일단 지수에 편입되려면 시가총액 외에도 다른 부수적인 조건들이 충족되어야 한다. 이를테면 한 명의 투자자가 전체 주식의 70% 이상을 보유할 수 없다. 몇몇 지수는 특정 조건을 충족한 기업만을 편입시키며, 또 일부는 증권거래소에서 최소 거래량을 충족하거나 적어도 1년 이상 상장된 것을 조건으로 삼기도 한다.

지수는 수시로 편입된 종목을 변경한다. 해당 유가증권이 지수의 기준을 충족하고 있는지 일정한 간격을 두고 반복하여 검증한다. 예컨대 한 기업의 시가총액이 감소하거나 주식거래가 활발히 일어나지 않는다면 지수에서 퇴출되거나 '밸류'가 보다 낮은 하위 지수에 편입되기도 한다. 그러므로 지수 현황은 축구의 리그 시스템과 유사하다고 할 수 있다. 전적으로 몇 위에 랭크되는지는 각 개별 종목의 성과에 달려 있다.

예를 들어, DAX에도 여러 하위 지수, 즉 MDAX와 SDAX가 있다. DAX가 독일을 대표하는 40개 상위 기업이 소속된 1부 리그라면, MDAX는 DAX의 바로 아래 단계인 2부 리그라고 할 수 있다. 이 지수는 41위에서 100위에 랭크된 60종목을 포함하고 있다. 만약 DAX에서 한 종목이 퇴출되면 하위 지수에서 가장 높은 시가총액을 보유한 기업이 등재된다. 동시에 퇴출된 기업은 향후 다시 DAX에 등재될 가능성도 있다.

지수는 유가증권을 대표하는 지표지만 그로써 매수가 실행되는 것은 아니므로 직접 투자는 불가능하다. 그래서 각각의 주가지수를 기초로 투자 방향을 설정하는 펀드가 있다. 각 펀드는 소위 벤치마크 지수를 기반으로 한다. 예컨대 독일 대형주에 투자하는 펀드라면 DAX를 사용한다. 해당 펀드의 성과를 평가하려면 동일한 기간 벤치마크 지수가 달성한 수익률을 살펴야 한다. 이러한 벤치마크 지수를 서로 다른 방식으로 활용하는 액티브 펀드와 패시브 펀드가 있다. 이제 두 펀드 유형을 자세히 살펴보자.

## 액티브 펀드: 적극적이고 과감하게

액티브 펀드란 적극적이고 과감한 방식으로 투자하는 능동형 펀드를 말한다. 펀드매니저들이 투자자의 자산을 운용하며, 애널리스트와 연구원이 팀을 이뤄 옆에서 지원한다. 전문가로 구성된 특별팀은 성장 가능성이 높은 유망한 주식을 발굴하기 위해 적극적으로 노력한다. 따라서 펀드매니저의 판단 아래 주가가 특별히 오르거나 떨어지지 않을 것 같은 주식은 배제될 수 있다. 액티브 펀드는 벤치마크 지수에 포함된 종목보다 더 많은 수익을 달성하는 것을 목표로 한다.

일정 기간이 지나면 다음과 같은 사항으로 펀드를 평가한다. 펀드매니저가 올바른 유가증권을 선택하고 벤치마크 지수보다 유망한 종목에 투자하여 높은 수익을 달성했는가? 실제로 그렇다면 펀드매니저에게 돈을 맡긴 투자자는 함박웃음을 지으며 기뻐할 것이다. 그렇지 못하다면 몹시 분통 터지는 상황이 아닐 수 없다. 앞으로 살펴보겠지만 액티브 펀드는 대부분 운용 보수, 판매 수수료, 거래 비용 등 수수료가 매우 높은 편이기 때문이다.

## 패시브 펀드: 리스크 관리와 수익률을 동시에

패시브 펀드 역시 펀드매니저에 의해 운용되지만 액티브 펀드에 비하면 펀드매니저의 역할이 축소된다. 수동형 펀드인 패시브 펀드는 지수와 일대일 비율이 되도록 종목 비중을 반영하기 때문이다. 즉, 패시브 펀드는 코스피 200, 나스닥 100 같은 시장지수와 동일한 수익률 달성을 목표로 한다. 따라서 펀드매니저가 적극적으로 개입하여 특정 종목의 투자 적합성을 평가하지 않는다. 지수를 그대로 복사하듯 거의 완벽하게 일치하는 종목을 선정한다. 앞서 개인 투자자는 지수에 직접 투자가 불가능하다고 했던 말을 기억하는가? 하지만 패시브 펀드라면 가능하다.

| 액티브 펀드 | 패시브 펀드 |
|---|---|
| 🔍 펀드매니저가 적극적으로 유망한 종목을 찾음 | 🛒 시장지수를 그대로 반영 |
| 📈 시장보다 더 높은 수익률을 내는 것이 목표 | 👑 시장 수익률을 실현하는 것이 목표 |
| 💰 높은 수수료 | 🪙 낮은 수수료 |

액티브 펀드와 패시브 펀드 비교

## 액티브 펀드의 소소한 수익률

액티브 펀드를 운용하는 펀드매니저의 목표는 지수에 포함된 종목의 평균 수익률보다 더 많은 수익을 창출하는 것이다. 따라서 액티브 펀드는 벤치마크 지수의 시세 변동을 기준으로 삼는다. 하지만 야심 찬 계획과는 달리 처절하게 깨지다가 장기적으로는 그들이 추종하는 지수보다 훨씬 좋지 못한 성적표를 얻는 경우가 허다하다. 신용평가 기관인 S&P(Standard & Poor's)에서 조사할 때마다 이러한 결과가 거듭 반복됐다. 2002년부터 S&P는 액티브 펀드의 수익과 벤치마크 지수를 비교해 왔다.

다음 페이지 도표에는 정신이 번쩍 들게 하는 S&P 조사 내용이 담겨 있다. 5년 동안 펀드매니저 10명 가운데 오직 한 명만이 S&P 500(미국의 500대 기업)보다 높은 수익률을 달성하는 데 성공했다는 사실이다. 같은 기간 유럽 주식 종목에 투자한 액티브 펀드의 경우, 75.2%가 실패라는 고배를 마셔야 했다. 독일의 경우는 74.2%가 실패했다.

제법 긴 시간 동안 거의 모든 산업 부문에서 충격적인 성적이 이어지고 있다. 2010년에서 2020년까지 펀드매니저 중 단 5.4%만이 미국 S&P 500을 넘어섰다. 나머지 94.6% 펀드의 수익률은 벤치마크 지수보다 훨씬 낮았다. 그러므로 지속적으로 벤치마크 지수보다 더 뛰어난 승률을 증명하는 데 성공한 아웃퍼포머(outperformer) 집단은 눈 씻고도 찾아보기 힘들다고 할 수 있다. 또한 '승자' 펀드는 지속적으로 바뀌기 때문에 어떤 펀드가 다음 해에 성과를 낼 수 있는지도 미지수다.

특히 장기적인 측면으로 보면 펀드 운용사의 전문가들은 시장 내 주식의 전체 평균, 다시 말해 지수보다 더 높은 수익률을 창출하지 못하고 있다. 그 주요 원인 중 하나가 바로 '수수료'다.

| 지역 비교 지수 | 벤치마크 | 3년 | 5년 | 10년 |
| --- | --- | --- | --- | --- |
| 유럽 | S&P 유럽 350 | 69.8% | 75.2% | 85.9% |
| 유로존 | S&P 유로존 BMI | 79.2% | 86.5% | 92.3% |
| 글로벌 | S&P 글로벌 1200 | 81.6% | 90.5% | 97.9% |
| 이머징 마켓 | S&P/IFCI Composite | 75.7% | 81.8% | 94.0% |
| 미국 | S&P 500 | 81.6% | 88.2% | 94.6% |
| 독일 | S&P 독일 BMI | 64.5% | 74.2% | 79.6% |

수수료 차감 후 벤치마크 지수 대비 성과가 저조한 액티브 펀드의 비율(출처: S&P)

## 액티브 펀드는 비싸다

액티브 펀드의 경우, 운용 수수료와 일회성 수수료가 수익률을 저하시킨다. 주로 펀드매니저가 관리하는 액티브 펀드는 운영 수수료가 매우 높은 편이다. 펀드매니저는 펀드를 운용하는 과정에 필요한 조사 및 분석 등 많은 업무를 맡고 있으며, 적절한 종목을 선별하는 책임을 지고 있다. 투자자는 그 대가로 투자한 자본에서 연 1~2.5%의 운용 수수료를 지불한다. 패시브 펀드의 경우 운용 수수료가 훨씬 저렴하다. 그런데도 액티브 펀드는 패시브 펀드에 비해 성과가 그리 좋지 못한 편이다.

또한 과감한 투자 방식으로 운용되는 액티브 펀드의 경우, 초창기에 지불해야 하는 일회성 수수료가 있다. 이 수수료는 펀드에 따라 원금의 1~5%로 책정된다. 대부분 액티브 펀드와 벤치마크 지수 간 수익률 비교는 반영되지 않는다. 따라서 액티브 펀드의 실적은 공식 발표된 것보다 훨씬 저조하다.

펀드매니저가 벤치마크 지수보다 뛰어난 성과를 내면 실적 수수료를 지급하는 경우도 많다. 하지만 항상 매우 뛰어난 성과에만 적용되는 것은 아니다. 시세가 임의적으로 정한 최고치, 이른바 하이 워터마크(High Water Mark)를 넘어서는 것만으로도 충분하다. 그러므로 실상은 사상 최고 기록이 아니라 최근 기록만 반영된 것일 수도 있다. 예컨대 지난달 대비 최고 기록처럼 말이다. 하지만 이런 사실을 제대로 아는 투자자는 애당초 많지 않다. 그렇다 보니 이런 '희소식'을 접한 투자자들이 '전문가'에게 덥석 돈을 건네는 것이다.

물론 여기에는 여러 배경이 있다. 증권 신문과 온라인 금융 매체에는 항상 적극적이고 열정적인 펀드매니저가 이룬 성공 스토리가 자주 올라온다. 몰락하거나 실패한 경우를 소개하는 일은 거의 없다고 봐야 한다.

잘못된 벤치마크 지수를 가리키며 액티브 펀드가 훨씬 이득이라고 강조하는 주장도 많다. 펀드매니저의 능력에 대한 신뢰는 심리와도 관련이 있다. '우리가 이렇게까지 돈을 지불하는데, 분명 그럴 만한 가치가 있겠지. 펀드 투자로 정평이 난 인물이 운용하는 상품인데 설마 실패할까?'라는 심리가 깔려 있다. 액티브 펀드와 달리 패시브 펀드는 시장지수를 초과하는 수익률을 추구하지 않는다. 패시브 펀드는 정확히 시장 수익률 달성을 목표로 한다.

이제 지난 몇십 년간 금융시장에서 가장 독창적인 혁신 중 하나라고 일컬을 만한 ETF에 대해 설명하겠다.

### ETF: 복사 및 붙여넣기에 의한 투자

ETF란 'Exchange Traded Fund'의 약자로, 상장지수 펀드를 말한다. ETF의 도입으로 금융계에 엄청난 지각변동이 일어났다. 처음 설계 시 의도한 바는 아니겠지만 ETF는 투자자들에게 세계적인 펀드매니저를 능가하는 성과를 낼 수 있는 기회를 제공한다. 지수를 그대로 복제하는 패시브 펀드에 속하는 ETF는 벤치마크 지수에서 정한 비중에 따라 주식을 매수하는 방식으로 작동된다. 일단 지수 구성이 달라지면, 예컨대 기업 목록에서 특정 기업이 빠지고 또 다른 기업이 추가된다면 ETF 역시 그에 따라 재조정된다. 어떠한 경우에도 펀드매니저에 의한 능동적인 종목 선별은 일어나지 않는다. 과거 인덱스 펀드는 일반적으로 하루 한 번 펀드 운용사를 통해 거래할 수 있었지만 ETF는 증권거래소에 상장되어 있으므로 온종일 매수 및 매도가 가능하다.

ETF의 성공은 비교적 그리 오래되지 않았다. 첫 인덱스 펀드는 1970년대 미국에서 출시됐는데, 처음부터 주식시장에 상장되었던 것은 아니다. 미국의 은행 웰스 파고(Wells Fargo)가 상장지수 펀드를 도입한 목적은 자국의 모든 주식을 하나의 금융 상품으로 결합하기 위해서였다. 이후 경제의 바로미터가 된 이 금융 상품은 가히 혁명적이었다. 증권거래소에 인덱스 펀드가 상장된 것은 1990년대에 이르러서였다. 인덱스 펀드가 도입된 초창기에는 기관 투자자, 즉 캐피털사, 보험 회사, 대기업 펀드, 연기금 또는 글로벌 기업 등이 투자를 시작했다. 한마디로, 자본이 매우 많은 대형 투자자들을 대상으로 했다.

그러므로 ETF는 처음부터 우리와 같은 개인 투자자를 타깃으로 설계된 상품은 아니었다. 금융 업계에서 개인 투자자들을 겨냥하여 설계된 대다수의 상품은 투자가치가 그리 좋지 못하다.

개인 투자가 성공해도 수익률보다 그 과정에서 감수해야 하는 리스크가 월등히 높기 때문이다. 그런 만큼 개인 투자자들의 금융 투자는 처음부터 많은 리스크를 감수해야 하는 비효율적인 거래였다. 하지만 ETF를 포함한 전문가용 상품은 수백만 달러에서 수십억 달러에 달하는 자금을 운용하도록 설계되었으며, 비용 효율성이 뛰어나다. 독일의 경우 밀레니엄 이후부터 개인 투자자의 ETF 거래가 허용됐다. 그 이후로 수백만 명에 이르는 개인 투자자들이 증권거래소에 발을 들여놓고 있다. 현재 전 세계에는 8,000개 이상의 ETF 상품이 있으며, 매년 새로운 ETF 상품이 등장하고 있다.

### ETF의 장점 한눈에 파악하기

지금까지 살펴본 금융 상품과 비교했을 때 ETF의 핵심 장점 다섯 가지는 다음과 같다.

**ETF는 저렴하다**

펀드 운용에 관련된 상당 부분이 컴퓨터 시스템에 의해 처리되므로 관련 비용을 최소로 줄일 수 있다. ETF 투자자에게 부과되는 수수료는 연 0.1~0.8%다. 액티브 펀드에 비하면 무려 4배나 저렴하다. 또한 ETF 상품을 판매하는 펀드 운용사 간의 가격경쟁으로 인해 펀드 운용 관리가 점점 효율적으로 발전하면서 매년 수수료도 줄어들고 있다. 이런 비용 감소로 생기는 이점은 최종 자산 총액 증가로 직접 체감이 가능하다.

아래 도표는 패시브 투자의 대표 격인 ETF와 액티브 펀드의 평균 수수료를 비교한 것이다. 일회성 투자금 8천만 원을 20년 이상 장기 투자하는 경우를 산출해 보았다. 이 기간에 액티브 펀드와 ETF가 동일한 수익을 달성한다고(거의 불가능에 가깝지만) 가정했을 때 지수를 그대로 추종하는 ETF를 선택할 경우 20년이 흐른 뒤 당신의 최종 자산은 약 5천만 원이 더 늘어난다. 연간으로 계산하면 ETF의 수익률은 액티브 펀드에 비해 거의 1.5% 높은 것으로 나타났다.

**ETF 및 액티브 펀드 비용 비교**

| | | |
|---|---|---|
| 투자 금액 | | 8000만 원 |
| 투자 기간 | | 20년 |
| 예상 수익 | | 5.0% |
| | ETF | 액티브 펀드 |
| 관리 비용 | 0.3% | 1.5% |
| 발급 수수료 | - | 5.0% |
| 총 비용 | 767만 원 | 3599만 원 |
| 비용을 제외한 최종 금액 | 1억 9988만 원 | 1억 4905만 원 |
| 순수익률 | 4.7% | 3.25% |
| 비용 절감 | 2832만 원 | - |
| 추가 수익률 | 1.45% | - |

높은 수수료가 수익률에 미치는 영향

**ETF는 분산투자를 기본으로 한다**

ETF는 국경을 초월하여 기업의 주가를 추적하는 여러 지수가 있어 매우 높은 수준의 분산투자를 가능하게 한다. 앞서 MSCI World를 언급한 바 있다. 이 지수에는 총 23개국 선진국에 있는 1,600개 이상의 유망 기업들이 포함되어 있다. 무려 8천 개가 넘는 종목을 아우르는 지수도 있다. ETF의 역할은 소액이더라도 투자자가 이러한 펀드에 투자하여 전 세계 경제 발전을 통한 이익을 공유하게 하는 데 있다. 이런 대규모 분산투자를 활용하면 투자 위험을 대폭 줄일 수 있다.

**ETF는 감정적이지 않다**

ETF의 배후에 사람의 감정이 차지하는 공간은 없다. ETF는 정해진 규칙에 따라 주가지수를 그대로 추종한다. 그러므로 감정적으로 움직이는 경우는 없다. 이 자체만으로 ETF는 굉장한 성과라 할 수 있다. 그것이 탐욕이든 오만이든, 아니면 불안이든 투자에 개입된 감정은 투자의 성공률을 위협하기 때문이다. 감정은 투자자 또는 펀드매니저에게 잘못된 결정을 내리게 만들고 무작정 트렌드를 따르거나 성급하게 매도 결정을 내리게 만든다. ETF에 투자하고 시장의 흐름에 순응한다면 감정이 비집고 들어갈 자리가 사라진다. 그로써 잘못된 투자 결정을 내리는 위험을 방지할 수 있다.

### ETF는 누구나 참여할 수 있다

ETF 투자에 막대한 자산이 필요한 것은 아니다. 당장의 저축 계획에 따라 1만 원만 있어도 투자할 수 있다. ETF는 매우 민주적인 투자 방식이다. 투자 금액이 소액이더라도 참여할 수 있다. 그로써 누구에게나 투명하고 유익한 글로벌 주식시장에 참여할 기회를 제공한다.

### ETF는 유동적이다

증권거래소가 개장하는 시간부터 온종일 ETF를 사고팔 수 있으며, 영업시간 내에 투자한 돈을 자유롭게 처분할 수 있다. 반면 부동산, 정기예금 또는 개인 연금보험의 잔고는 유동적이지 못하다. 설령 가능하다고 해도 속이 쓰릴 정도로 높은 비용이나 손실을 감수해야 하지만 ETF는 손쉽게 유동성이 확보된다. 이러한 특성은 긴급한 상황에 유리한 장점으로 작용하지만 더러 일부 투자자에게는 치명적인 영향을 미칠 수도 있다. 간편하고 저렴한 투자가 가능한 ETF에도 리스크가 있기 때문이다.

### ETF 리스크

ETF는 자칫 도박으로 이어질 수 있다. ETF의 장점 중 하나가 손쉽게 확보할 수 있는 유동성이다. 그만큼 일부 투자자는 그런 특성을 남용하여 ETF를 통한 단기 투자의 유혹에 빠지기 쉽다.

투기성이 짙은 ETF도 많다. 약 8,000종에 이르는 ETF 중 상당수가 처음부터 '도박용'으로 설계되었다. 소위 테마 ETF는 단일 특정 섹터나 현재 트렌드 테마를 추적하는 경우가 많다. 즉, 30대 '청정 에너지' 기업을 선별하여 투자하거나 블록체인 기술이나 사이버 보안을 취급하는 기업들, 또는 다른 틈새에 있는 소수의 기업을 선정하고 투자한다. 하지만 상위 40대 기업을 편입한 독일 DAX 지수 투자도 이스라엘 기술 섹터만을 공략하는 ETF만큼이나 리스크가 분산됐다고 할 수는 없다. ETF는 주식지수뿐만 아니라 채권에도 투자할 수 있는데, 그중 일부는 부채가 많은 국가에서 발행된 채권도 있다. 이러한 채권이 포함된 ETF는 시장 수익률보다 훨씬 높은 수익을 약속하지만 그만큼 높은 리스크 때문에 큰 손실을 초래할 수도 있다.

솔직히 이런 상품은 분산투자, 특히 안전한 노후 대책과 아무런 관계도 없다. 따라서 앞으로 논의하게 될 ETF의 경우 투기성 상품은 아예 배제하고, 초지역적인 지수를 추종하여 매우 다양한 종목에 분산투자하는 ETF만을 언급할 것이다.

물론 주식형 ETF에도 엄연히 리스크가 따른다. 돈을 잃을 수도 있다. 근본적으로 변동하는 주식에 투자하는 금융 상품이기 때문이다. 만약 주식 투자에 리스크가 전혀 없다면 한편으로는 환호할 만한 일이지만 수익을 기대하기도 힘들 것이다. 주식 투자에서 소위 '불량' 개별 종목 리스크는 ETF의 광범위한 분산투자로 제거했다. 그러면 주식시장 전체에 야기될 변동과 위험을 의미하는 시장 리스크만이 남는다. 시장 리스크가 발생하면 ETF

의 시세는 수년간의 하락세를 이어가다 다시 상승할 수 있다. 그러므로 ETF에 투자한 후 얼마 지나지 않은 시점에 그것이 불안감이든, 인내심 부족이든 특정 이유로 섣불리 처분하려 들면 자칫 손해를 볼 수 있다. 하지만 15년 이상 장기 투자할 수만 있다면 손실을 입을 가능성은 거의 없다.

**적립식 자동매수 방식으로 편안하게 투자하는 법**
ETF 상품은 자동매수 방식으로 정기적으로 투자할지, 아니면 매번 직접 이체하는 방식으로 투자할지를 선택할 수 있다. 자동매수 방식은 매월 정해진 금액이 계좌에서 자동으로 인출되어 ETF에 투자된다. 현재 많은 브로커가 이러한 서비스를 무료로 제공하고 있으므로 추가 비용은 들지 않는다. 이체 간격은 물론 자동매수 관련한 모든 세부 설정을 선택할 수 있다. 가장 합리적인 옵션은 월 단위의 투자다. 급여가 통장에 입금되자마자 가능한 한 빠른 시일 내에 이체되는 방식으로 설정해야 한다. 그러나 일부 수탁 은행은 격주, 분기, 반기 또는 연간 단위로 해당 서비스를 제공한다. 자동매수 방식을 설정하면 다음과 같은 장점이 있다.

- 시간이 절약된다: 자동매수 방식을 이용하면 직접 입금하지 않아도 ETF를 매수할 수 있다.
- 자동이체 시스템으로 재테크가 가능하다: 3-통장 모델을 활용하여 급여통장에서 자동으로 출금되도록 예약해 둘 수 있다.
- 시장 타이밍에 구애받지 않는다: 시세나 트렌드와 상관없이 매월 동

일한 날짜에 투자가 이뤄진다. 굳이 완벽한 투자 타이밍을 찾으려고 노력할 필요가 없다.

- **진입 장벽이 낮다:** ETF도 주식처럼 1주 단위로 살 수 있다. 대부분의 증권사는 적립식 자동매수를 1만 원 이상으로 설정한다. 누구나 밥 한 끼 가격으로 살 수 있다는 것이다.
- **매우 유동적이다:** 자동매수 방식은 언제라도 시작 시점이나 이체 금액의 상향 및 하향 또는 일시 중지 설정이 가능하며 아예 다른 ETF로 갈아타는 것도 가능하다. 하지만 계속 자동매수 방식을 변경하는 것은 그리 추천하지 않는다. 한 번 설정한 투자 전략을 수십 년간 유지하면 편안하게 드러누워 손가락 하나 까딱하지 않아도 된다는 것이 자동매수의 가장 큰 장점이기 때문이다.

## 당신의 전략: 액티브하게 살고, 패시브하게 투자하라

적재적소에 제대로만 활용한다면 ETF는 정말 굉장한 상품이라고 할 수 있다. 한 번의 투자로 여러 국가와 산업 전반에 분산투자가 가능하다. 하지만 무엇보다 투자의 성공을 좌우하는 것은 당신이 선택하는 전략에 달렸다. 투자 전략은 눈앞이 제대로 보이지 않는 우거진 정글에서 당신에게 꼭 맞는 ETF 상품을 발견하고 현명하게 결합하는 데 도움이 된다.

증시에 투자하는 방식으로는 근본적으로 상반된 두 가지 전략이 있다. 액티브 투자와 패시브 투자가 바로 그것이다. 이 두 가지 전략 중 무엇을 선택하느냐에 따라 투자의 성공에 지대한 영향을 미친다. 이제 두 전략을 자세히 살펴보자.

## 액티브 투자자: 항상 찾아 나서는 사람

액티브 투자자는 언제나 벤치마크 지수보다 더 높은 수익률 달성을 추구한다. 참조하는 벤치마크 지수보다 더 뛰어난 성과를 달성하기 위해 액티브 투자자는 활용 가능한 모든 분석 및 연구 기법을 동원하고, 과거 데이터를 파헤치고, 뉴스를 평가하거나 미래의 가격 동향 파악을 위해서 기술적 차트 분석을 시도한다. 이런 모든 시도는 적절한 진입 시점을 발견하고(마켓 타이밍: maket timing), 최고의 종목을 선별하는(스톡 피킹: stock picking) 것을 목적으로 한다. 때로는 이러한 마켓 타이밍과 스톡 피킹을 동시에 추구하기도 한다.

### 마켓 타이밍과 스톡 피킹

마켓 타이밍을 중시하는 투자자는 매수와 매도를 하는 데 최적인 시점을 찾으려고 노력한다. 가격 상승 직전의 최저점에서 주식에 올라탄 후 거의 고점에서 다시 털어내는 것이다. 즉, "저가에 사서 고가에 팔라(Buy low, sell high)"는 철칙에 충실하다. 또한 초과 수익 달성을 위해 단기 변동과 트렌드를 적극적으로 활용한다. 얼핏 듣기에는 매우 지능적인 전략처럼 들리지만 실전에서 성공으로 이어지는 경우는 매우 드물다. 시세 변동을 정확히 예측하려면 아마 마법의 수정구슬 정도는 있어야 가능할 것이다. 종목 선별, 즉 스톡 피킹이란 전체 주식시장에 비해 훨씬 잘 오를 것이라는 기대감으로 개별 종목에 과감히 베팅하는 것을 말한다. 예컨대 기업의 경제지표 분석을 통해 아직은 저평가되어 있지만 앞으로 상승 가능한 종목과 이미 최고점인 종목 등을 선별한다.

마켓 타이밍과 스톡 피킹을 통한 전략은 투자자가 다음에 내릴 투자 결정을 의식적으로 판단하고 항상 능동적인 태도로 주식을 거래한다는 전제가 깔려 있다. 아니면 펀드매니저와 같이 관련된 모든 업무를 적극적으로 대행해 줄 전문가를 고용한다. 요컨대 이 전략을 추구하는 투자자는 매우 능동적으로 투자한다.

### 패시브 투자자: 기다리기만 하는 사람

패시브 투자자는 굳이 고공행진을 하는 종목을 찾아다니지 않는다. 경제 및 사회 트렌드를 좇아 투자 결정을 내리거나 리스크에 대처하려는 의중도 없다. 또한 주식이나 펀드를 잇따라 갈아타며 수익률을 개선하려고 애쓰지 않는다. 즉, 패시브 투자자는 '아무것도 하지 않는다'는 단 하나의 입장만을 고수한다. 다시 말해 ETF를 활용하여 특정 지수를 추종하는 상품에 투자한 후 기다릴 뿐이다. 그것도 아주 오랫동안 그대로.

이러한 끈기 있는 기다림을 업계 용어로 '매수 후 보유(Buy and Hold)'라고 부른다. '지수추종'과 '매수 후 보유' 전략은 패시브 투자자를 대표하는 두 가지 핵심 성향이다. 만약 당신이 패시브 투자자라면 ETF 포트폴리오를 짠 뒤 적어도 20년이나 연금 수령 개시일까지 묵묵히 투자해 두기를 바란다. 나머지는 주식시장이 당신을 위해 알아서 처리할 것이다.

'매수 후 보유' 전략을 선택하면 줄곧 몇 시간을 컴퓨터 앞에 앉아 식은땀을 흘리며 주가만 노려보고 있는 상황보다 긴장감이 덜할 것이다. 통계적 수치로도 '매수 후 보유'처럼 패시브 투자 전략을 고수한 투자자가 적극적인 주식거래를 하거나 전문가에게 맡긴 투자자보다 수익률이 높은 것으로 나타났다. 매우 터무니없는 소리처럼 들릴 수도 있겠지만 일반적으로 실상은 항상 예상과 다르게 흘러간다. 인생에서 무언가를 달성하고 성공의 기쁨을 누리려면 적극적으로 대처해야 한다. 하지만 금융계만큼은 정반대로 흘러간다. 부를 축적하고 싶다면 손 놓고 저 멀리 가장자리에 서서 지켜보는 것이 최고의 비법이다. 이유가 뭘까?

두 가지 현상이 이를 대변한다. 첫 번째는 소위 '평균으로의 회귀' 현상이고, 두 번째는 장기적인 측면으로 증시의 평균값이 상승하는 경향이 있다는 사실이다.

### 평균으로의 회귀

'평균으로의 회귀'는 증시에 나타나는 통계적 현상이다. 평균에서 크게 벗어난 극단적인 편차가 장기적으로 상향 또는 하향하며 수년에 걸쳐 다시 평균값으로 근접하는 현상을 말한다.

평균으로의 회귀는 어디에서나 관찰할 수 있다. 키가 몹시 큰 부모를 둔 자녀는 대부분 부모보다 작은 편이며, 키가 작은 사람들이 자식을 낳으면 주로 부모보다 키가 큰 편이다. 이렇듯 극단적으로 벌어진 편차는 항상 정중앙, 즉 해당 그룹이 속한 평균으로 돌아오려는 경향을 보인다.

평균으로의 회귀 현상은 주식 투자에도 적용된다. 주식 수익률은 단기적으로 매우 크게 출렁일 수 있지만 장기적으로 분석하면 항상 평균 시장 수익률 수준으로 접근한다. 즉, 주식이라는 자산군이 아주 오랜 시간 동안 평균적으로 기록해 온 연간 수익률에 다시 수렴하게 된다는 것이다. 따라서 주식시장의 호황기가 막을 내리고 있는 시점이라면 다시 하향 조정될 수 있음을 가정할 수 있다. 오랜 침체기가 지나면 주가는 다시 가파르게 상승한다.

최소 15년 이상 투자를 유지하고 증시의 변동성에도 인내심을 가지고 버틸 수 있는 패시브 투자자라면 이러한 평균으로의 회귀 특성을 적극적으로 활용할 수 있을 것이다. 그로써 장기적 평균치, 즉 주식시장의 평균 수익률만큼의 수익을 얻을 수 있다. 최소한 지난 50년 동안은 이러한 투자 방식이 좋은 성과를 입증했다. 예컨대 1969~2018년 사이에 MSCI World에 최소 15년 이상 투자한 이들은 모두 초과 수익을 달성했다. 1972년, 1969년 또는 1990년이든 투자를 시작한 시점과는 상관없이 말이다.

다음 페이지의 도표를 보면 MSCI World 포트폴리오의 다양한 보유 기간에 따른 최대 수익과 손실을 확인할 수 있다. 투자

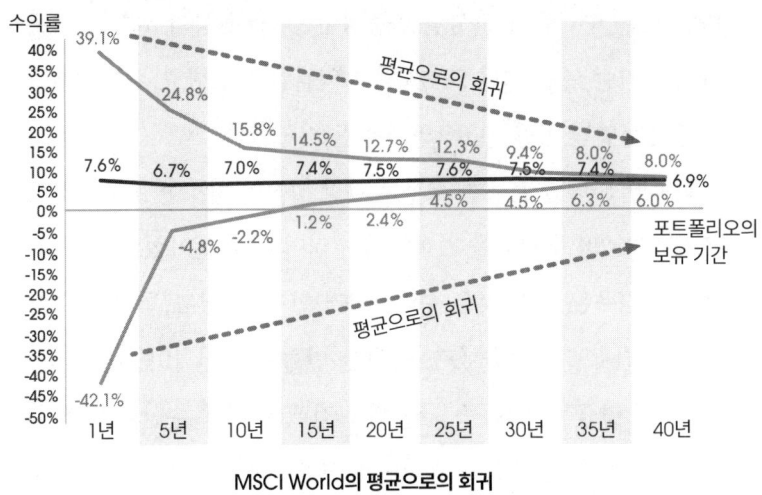

**MSCI World의 평균으로의 회귀**

시작 시점에 따라 포트폴리오의 수익률은 각각 다르게 나타났다. 하지만 일정 기간이 지나면 투자 시작 시점과는 별개로 손실을 본 투자자는 없다.

1969년에서 2018년 사이의 어느 시점에서든 MSCI World에 투자를 시작한 투자자들 가운데 1년간 투자를 유지하여 39.1%라는 경이로운 수익을 달성한 이들이 있다(위쪽 회색 곡선). 가장 실적이 나빴던 1년의 포트폴리오 손실은 -42%에 달했다(아래쪽 회색 곡선). 1년간의 보유 기간 중 평균 수익률은 투자 시작 시점과 상관없이 7.6%를 달성했다(중앙의 검은색 선). 하지만 1년이 지난 후에도 평균 수익률만큼의 수익을 달성할 가능성은 그 해의 여러 변동성을 감안했을 때 매우 불투명하다. 하지만 보유 기간이 5년을 넘고 위아래로 요동치는 시세의 변동 폭이 차츰 줄어든다면 평균 수익률을 달성할 가능성이 높다. 최상의 5년 기간 동안 투자자는 연간 평균 24.8%의 수익률을 달성했고, 최악의 5년 기간에는 연간 평균 -4.8%의 손실을 기록했다.

하지만 15년을 보유한 경우는 가장 성적이 저조한 포트폴리오조차 연 1.2% 수익률을 기록하며 수익 범위로 돌아섰다. 40년을 보유한 경우는 가장 낮은 수익률마저 연간 6%였고, 최고의 수익률은 연간 8%로 상승했다. 이러한 변동은 지난 40년간 MSCI World의 평균 수익률, 즉 6.9%에 근접했다. 최대 손실과 최대 수익의 경계선은 주식 보유 기간이 늘어날수록 항상 평균 수익률에 근접했다. 이런 점만 보더라도 지수연동으로 다양한 종목을 매수하여 분산투자를 한다고 해서 무조건 '안전한' 포트폴리오는 아니라는 사실을 확인할 수 있다. 평균으로 회귀하려는 특성에 의해 주가가 하락해도 꿋꿋이 참아낼 인내가 필요하다. 주식시장의 장기적 성장을 통해 수익을 실현하는 것, 그것이 바로 패시브 투자 전략의 핵심이다.

**매수 후 보유 전략의 절세 효과**

'매수 후 보유' 전략으로 세금을 절약할 수 있다. 패시브 투자자는 소위 세금 연기 효과 혜택을 누릴 수 있다. 일반적으로 주식 소득에 부과되는 세금은 발생한 수익이 지급될 때 과세된다. 따라서 단기 차익을 노리는 투기성 주식 투자자의 경우 1년에도 여러 번 세금 정산을 하며 소득의 일부를 국세청에 납부한다. 반면 패시브 투자자의 세금 납부는 먼 미래로 예정되어 있다. 수십 년이 흐른 뒤 패시브 투자를 마감하는 순간까지 세금 납부를 미룰 수 있다. 또한 납부해야 할 세금이 그동안 투자 상태로 유지되므로 또 다른 수익을 창출할 수 있다.

## 자동매수: 패시브 전략이 원활히 작동되는 이유

패시브 투자란 전 세계 주식시장을 공략하는 ETF를 활용하여 폭넓게 돈을 투자하고(분산투자 전략) 그대로 수년간 보유하는(매수 후 보유 전략) 것이다. 그렇다고 해서 전체 시장보다 수익률이 낮은 것은 절대 아니다. 다시 말하자면 패시브 투자는 장기 투자로 수익을 창출하지만 동시에 초과 수익을 추구하지 않는다. 이러한 시장 평균 수익률을 넘어서는 초과 수익 달성은 앞서 언급했듯 액티브 투자자 중에서도 극히 일부만 성공한다. 반면 패시브 투자 전략의 장점은 거의 무적이다.

### 거의 비용이 들지 않는다

패시브 투자는 액티브 펀드에 투자하는 투자자들에 비하면 취득 수수료 또는 비싼 운용 비용이 들지 않는다. 그로써 투자에 활용할 자본을 조금 더 확보할 수 있으며, 최종 자산 또한 증가한다.

**확연한 리스크 감소**

패시브 투자의 경우 최대한 분산투자에 집중한다. 일시적으로 특정 산업 부문이 악화되거나 특정 지역에 불경기가 찾아오면서 주가가 하락해도 큰 문제가 되지 않는다. 그 시점에 다른 산업 부문의 수익을 기반으로 이러한 변동 사항은 서로 상쇄된다. 패시브 투자자에게 부담이 되는 것은 시장 전체 리스크, 즉 전 세계 주식시장이 일반적인 변동성에 노출되는 리스크다. 분명 리스크지만 득이 되는 이러한 리스크는 '분산투자'가 아니라 '매수 후 보유' 전략으로 대처해야 한다.

**아무것도 하지 않음으로써 재테크에 이바지하라**

패시브 투자자의 길을 선택했다면 기업의 대차대조표와 경제 신문을 빠트리지 않고 살피며 골머리를 앓거나 증권거래소 방문을 취미로 삼지 않아도 된다. 패시브 투자는 당신의 스트레스를 줄이고 더 아름다운 것들을 하며 보낼 수 있는 값진 시간을 절약해준다. 물론 수익을 달성할 기회 역시 놓치지 않는다.

**엄청난 자산이나 전문 지식이 필요 없다**

개인 투자자는 ETF 덕택에 소액으로 거대한 증권가의 일원이 될 수 있다. ETF 투자는 많은 초기 자본이나 전문 지식 또는 시간과 노력이 없어도 가능하다.

핵심 포인트:
## 패시브 펀드와 ETF

---

- 주식형 펀드로 분산투자를 극대화할 수 있다. 단 하나의 금융 상품으로 수천 개가 넘는 글로벌 기업에 투자할 수 있기 때문이다.
- 주식형 펀드는 항상 주식시장의 성과를 나타내는 지수를 추종한다.
- 액티브 펀드는 지수에 편입된 주식 종목보다 더 많은 수익 창출을 목표로 한다. 하지만 장기적 관점으로 보면 성공률이 그리 높은 편은 아니다. 액티브 펀드 운용에 드는 높은 부대 비용이 주요 원인 중 하나다.
- 패시브 펀드는 지수를 그대로 추종하므로 액티브 펀드보다 비용이 훨씬 저렴하다. 따라서 패시브 펀드를 인덱스 펀드라고도 부른다.
- 패시브 펀드 중 증시에 상장된 펀드 상품이 바로 ETF다. ETF는 저렴하고, 유연하며, 누구나 접근하여 사고팔 수 있다. 특히 분산투자를 염두에 두고 있는 투자자들에게 적합하다.
- 자동매수 설정으로 매월 ETF에 투자할 수 있다. 자동매수를 활용하면 전체 프로세스의 자동화가 가능하다.
- 패시브 상품을 선택했더라도 그에 걸맞은 투자 전략이 필요하다. 돈을 투자했다면 '매수 후 보유' 전략에 따라 적어도 15년 이상을 투자 상태로 유지해야 한다. 그로써 주식시장의 장기적인 평균 수익률을 확보할 수 있다.

# 첫 투자로 향하는
# 4단계 실전 가이드

준비는 이만하면 충분하다. 이제 직접 패시브 투자자가 되어 당신만의 포트폴리오를 짜보자. 무엇보다 한 가지만큼은 확실히 약속할 수 있다. 당신이 예상했던 것보다는 훨씬 간단할 것이다. 다음의 네 단계를 차근차근 따라가기만 하면 된다.

- 1단계: 위험과 안전 사이의 적절한 균형을 찾아라
- 2단계: 당신만의 포트폴리오를 구축하라
- 3단계: 당신의 포트폴리오에 딱 맞는 ETF를 찾아라
- 4단계: 당신의 포트폴리오를 위한 계좌를 개설하라

## 1단계: 위험과 안전 사이의 적절한 균형을 찾아라

승객이 가득 탄 비행기를 떠올려 보자. 비행기에 탑승한 승객은 분명히 통계적으로 매우 희박하지만 비행기가 추락할 가능성 (1600만 분의 1)에 대해 인지하고 있다. 그런데도 승객의 대다수가 좌석에 편안히 앉아 신문을 읽거나 옆에 앉은 동행의 어깨에 기대어 짧은 수면을 취하기도 한다. 물론 팔걸이를 세게 쥐고서 과도한 긴장으로 어지러움마저 느끼고, 비행기가 그대로 바다에 추락하는 광경을 상상하며 불안에 떠는 승객도 있다. 그런 시나리오가 현실이 될 가능성이 로또 번호를 전부 맞추는 것보다 더 희박하다는 것을 잘 알고도 그렇다.

이유는 아주 간단하다. 사람마다 리스크를 수용하는 능력이 전부 다르기 때문이다. 비행기에 탑승하는 여행뿐만 아니라 번지점프나 지중해에서 수영할 때도 마찬가지다. 이런 활동 중에 다칠 가능성은 누구나 동일하다. 하지만 매사를 주관적으로 평가하는 사람은 체감하는 강도가 다르다.

금융시장에 대한 투자도 마찬가지다. 폭넓은 분산투자를 하고 있더라도 포트폴리오의 가치는 변동하기 마련이다. 결국 주식시장 리스크가 변수가 된다. ETF 시세는 상황에 따라 5% 하락했다가 20% 상승하기도 한다. 또 어떤 해는 시세가 무려 40%까지 폭락하기도 한다. 만약 시장 상황이 이런 국면에 접어든다면 최대한 침착하게 기다리며 아무것도 하지 말기를 권장한다(매수 후 보유 전략). 다양하게 분산투자한 포트폴리오라면 이런 급락장에서도 당황할 이유가 없다. 그게 언제든 시세는 조만간 다시 오른다. 분명 당신도 잘 알고 있을 것이다. 물론 그렇다고 꼭 평정심을 유지해야 한다는 의미는 아니다. 그렇다. 비록 주식 가치가 10%나 하락하면서 손실이 발생해도 씁쓸한 미소를 지을지언정 그래도 평온하게 잠들 수도 있다. 어쩌면 식은땀을 뻘뻘 흘리며 컴퓨터 앞에 앉아 사흘 내내 전전긍긍한 끝에 더 하락할 수도 있다는 심적 불안감으로 보유한 ETF를 전부 팔아치울 수도 있다.

### 투자 포트폴리오를 분할하라

공황 상태에서 성급히 내린 결정은 투자에 독이 된다. 애당초 그런 상황에 이르지 않으려면 각자 견딜 수 있을 만큼의 변동성을 미리 파악해 두는 편이 현명하다. 따라서 자산의 일부만을 주식 같은 자산군에 투자한다. 가령 위험 자산에 50%, 나머지 50%는 안전 자산에 투자한다. 그로써 수익은 줄어들 수 있지만 안전성을 확보할 수 있다. 두 투자 부문의 무게중심을 어떻게 설정하느냐에 따라 전체 포트폴리오(위험형과 안전형의 혼합)의 변동성이 좌우된다. 이런 방식을 활용하면 주식시장의 등락에도 마음의 평온을 유지할 수 있다. 위험과 안전 사이에서 적절한 균형을 찾으려면 투자할 자산을 크게 두 부분으로 나눈다. 이를 위험형 투자 자산과 안전형 투자 자산으로 부르겠다.

### 위험형 투자 자산

수익을 추구하는 위험형 투자 자산은 불리는 것이 목적이다. 더 높은 수익 창출을 위해 배정해 놓은 예산이므로 리스크에 노출될 수밖에 없다. 따라서 위험형 투자 자산을 위한 금융 상품으로는 주식형 ETF를 기반으로 한 글로벌 포트폴리오가 적합하다. 단기적으로는 가치가 오르내릴 수 있지만 장기적으로는 매력적인 수익률을 선사한다. 이러한 포트폴리오를 구성하는 방법은 차차 살펴볼 것이다.

### 안전형 투자 자산

안전형 투자 자산으로 할당된 예산이 추구하는 목적은 수익 창출이 아니다. 당신의 포트폴리오 전체가 다소 심하게 하락하거나 위아래로 변동할 때를 대비한다. 그러므로 안전형 투자 자산은 정기예금 통장처럼 안전성이 확보된 계좌에 예치하는 것을 권장한다.

### 안전형 투자 자산과 비상금의 차이

당신의 포트폴리오에서 안전형 투자 자산으로 분류한 예산을 3~4개월치의 월 소득을 별도로 모아둔 예비금(비상금)과 혼동하지 말아야 한다. 예비금은 보통예금 계좌에 예치하고, 안전형 투자 자산과 섞이지 않도록 각별히 신경 써서 구분해야 한다. 비상금은 예측하지 못한 지출을 위해 안배해 놓은 것이므로 본격적인 투자에 앞서 충분히 마련해 둬야 한다. 반면 안전형 투자 자산은 실질적으로 투자되는 돈이며, 포트폴리오 전체에 대한 리스크를 감소시켜 주는 역할을 한다.

## 안전형 투자 자산의 활용

가치가 20% 하락한 주식형 ETF에 투자한 경우를 가정해 보자. 당신은 가진 돈 전부를 이 ETF에 투자했다(위험형 투자 자산). 그런데 얼마 지나지 않아 포트폴리오 전체 가치가 무려 20%나 하락했다. 만약 투자 예산의 80%만 이 주식형 ETF에 투자하고, 나머지 20%를 보통예금 또는 정기예금(안전형 투자 자산)에 예치했다면 전체 포트폴리오의 가치는 16%만 하락했을 것이다(80%×20%=16%). 주가 변동은 위험형 투자, 즉 전체 자산의 80%에만 국한되기 때문이다. 투자 성향을 50 대 50으로 혼합하여 설정하면 시세 하락으로 인한 손실이 투자금 절반에만 영향을 미친다. 주가 하락에 의해 위험형 투자 자산의 가치가 20% 하락하더라도 전체 포트폴리오 가치로 보면 손실은 10%에 불과하다.

바꿔 말하면 투자 예비금의 일부를 안전 자산에 투자할 경우 수익률이 하락하는 것을 감수해야 한다. 예컨대 전체 자본의 60%를 수익률 연 8%의 주식형 ETF에 투자한다면 포트폴리오의 전제 가치는 4.8% 상승한다. 남은 40%는 시세 변동에 큰 영향을 받지 않는 투자군에 예치한다. 그 결과 전체 포트폴리오의 60%에서만 수익이 발생한다(60%×8%=4.8%).

### 당신을 위한 맞춤 혼합 비율은?

포트폴리오의 비중을 어떻게 나눌지는 각자 결정하기 나름이다. 결국은 개인마다 체감하는 위험 감수성이 천차만별이기 때문이다. 투자한 돈이 50% 하락한 경우(심각한 위기 시에는 더 큰 하락이 올 수도 있다.)에도 침착함을 유지할 수 있다면 당신의 포트폴리오를 전부 위험형 투자 자산으로 설정할 수도 있다. 그런 이유에서 나의 개인 포트폴리오 또한 100% 주식형 ETF로 설계되어 있다. 주가에 심각한 등락이 있어도 나는 침착할 수 있다는 강한 확신이 있기 때문이다. 그런 상황이 닥쳤을 때 감정에 휩쓸려 주식을 팔고 결국 큰 손실을 입을 가능성을 전혀 염두에 두지 않기 때문이다. 반면 투자를 시작한 지 얼마 되지 않은 내 지인의 경우는 조금 달랐다. 그는 무엇보다 시장의 변동성에 적응하는 것을 목표로 월 저축액의 절반만을 주식형 ETF에 투자했다.

하지만 위험과 안전 사이에서의 균형은 반드시 투자 과정에서 느끼는 긴장감과 기호만으로 결정되는 것은 아니다. 그 밖에도 개인적 상황에 따른 핵심 요인이 추가로 있다.

**연령**

나이가 지긋한 노년층보다 젊을수록 더 많은 리스크를 감당할 준비가 되어 있다. 아직은 살면서 돈을 벌 수 있는 시간이 충분하기 때문이다. 설령 투자 과정에서 잘못된 결정을 내려도 만회할 시간이 있다는 안전장치가 있다. 은퇴 후에는 그런 기회가 현저히 줄어든다. 물론 그쯤 되면 당신의 자산은 아직 공부 중인 손주보다 많을 것이다. 일부 금융 전문가나 금융 블로거는 노년층에게 주식, 부동산 등에 투자하라고 조언하기도 한다. 100에서 지금 나이를 빼고 남은 숫자만큼 보유 자산에서 위험형 투자 자산으로 할당한 후 적극적으로 투자하라는, 옛날에나 먹히던 주먹구구식 공식을 내세운다. 이 책을 읽는 당신의 나이가 32세라고 가정해 보자. 만약 위의 공식에 대입한다면 재테크로 비축해 놓은 돈의 32%를 안전 자산에 넣고, 68%를 리스크가 큰 위험성 투자군에 넣으라는 말이다. 하지만 나는 이렇게 단순화한 엉성한 공식에 의미를 두지 않는다. 무엇보다 사람마다 느끼는 정서적 성향이 모두 제각각이기 때문이다.

하지만 투자가 가능한 시간이 앞으로 많이 남아 있을수록 당장 손실을 두려워할 필요 없이 리스크를 감수하면서 도전해 볼 만하다는 점은 매우 중요하다. 증시의 가파른 등락을 견뎌낼 시간이 앞으로 많이 남아 있기에 도전해 볼 만하다. 20년, 30년 또는 40년이 지나면 당신의 포트폴리오를 뒤흔들고 요동치게 했던 격동은 전혀 알아볼 수 없을 정도의 수준이 되어 있을 것이다.

**부양가족 여부**

미혼이라면 일반적으로 자기 자신만 책임지면 된다. 하지만 자녀가 있거나 자산 변화의 여부가 동거 가족에게까지 영향을 미친다면 상황은 완전히 달라진다.

**투자에 대한 당신의 이해와 감각**

투자군으로서 주식이 지닌 리스크를 제대로 간파하고 있다면, 그러한 리스크의 상당 부분을 분산투자를 통해 제거할 수 있다는 장점이 있다. 그 결과 변동성에 대한 불안이 자동으로 사라지고, 예상하지 못한 돌발 상황에서도 더 이성적으로 행동하게 되므로 더 과감하고 능동적인 투자를 할 여유가 생긴다. 그러면 수익률 향상을 위해 더 많은 자금을 투자할 수 있게 된다.

이제 어떤 방식으로 투자해야 좋을까? 실제 위기 상황을 떠올려 봐도 좋다. 투자 계좌 잔고가 무려 40%까지 폭삭 주저앉았다. 당신은 어떻게 반응할 것인가? 냉정함을 유지할 수 있는가? 아니면 더는 잔고를 들여다보지 않고 묵묵히 하던 대로 자동매수를 이어나갈 것인가? 그것도 아니라면 하루하루 불안에 떨다가 결국 전부 처분해 버릴 것인가? 만약 후자의 경우라면 투자금의 상당 부분을 안전형 투자군에 투자하기를 추천한다. 안전형 투자군의 투자 비율이 높을수록 시세 변동으로 인한 여파는 미미하다. 40% 또는 50%에 육박하는 강력한 시세 폭락이 닥쳐도 침착함을 유지하면서 매수 후 보유 전략을 계속 이어갈 수 있다. 만약 주식 시장의 난기류를 직접 겪어보지 않았다면 이론만으로 평가하기란 다소 어렵다. 그러므로 처음에는 높은 비율로 안전형 자산군에 투자하는 것이 의미가 있을 것이다. 많은 투자자가 자신의 리스크 감수성을 과신한 나머지 작은 요동에도 공황 상태에 빠진다. 그러므로 최대한 '안전성'을 높은 비율로 설정한 후 투자를 시작하길 바란다. 위험형 투자군에 투자를 더 하는 것은 언제라도 가능하다.

## 2단계: 당신만의 포트폴리오를 구축하라

수익성과 안전성 사이에서 당신만을 위한 완벽한 균형을 찾았다면, 이제 다음 단계는 수익률을 추구하는 위험형 투자 자산으로 배분한 돈을 어떻게 투자할 것인지 결정하는 것이다.

  패시브 전략을 선택한다면 최대한 많은 글로벌 종목에 투자하고 싶을 것이다. 그것을 가능하게 해주는 것이 바로 지수연동을 추구하는 일명 글로벌 포트폴리오다. 물론 글로벌 포트폴리오의 종류는 셀 수 없이 많다. 현재 각기 다른 시장과 하위 시장이 편입된 주가지수와 관련 ETF 상품만 해도 무려 300만 개가 넘는다. 그중에는 해당 국가의 대기업으로만 제한된 지수도 있고 (DAX 등) 여러 선진국의 대표 기업(MSCI World 등)으로 구성된 지수도 있다. 또한 유럽의 중소기업을 대표하는 지수도 있고, 미국의 대기업만 편입된 지수도 있다. 과거에 고배당금을 지급한 이력이 있는 기업만 선별하여 보여주는 지수도 있다. 이론상으로는 포트폴리오 하나에 여러 인덱스를 혼합하는 것이 가능하다. 실제로 많은 투자자가 여러 지역이나 섹터 지수를 동시에 채택하고 최소 3개에서 최대 15개에 달하는 ETF에 투자하는 복합적인 포트폴리오를 설계하기도 한다. 그중 일부는 매우 정교하고 복합적인 구조로 설계되어 있지만 그렇게까지 심혈을 기울일 필요는 없다. '최대한 심플하게'가 포트폴리오를 구성할 때마다 명심해야 할 슬로건이다. 연말이 되어 가장 큰 이익을 가져올 혼합 상품이 무엇인지는 지금 당장 알 방법도 없고, 알 필요도 없다. 각 글로벌 포트폴리오의 수익률 차이는 사실상 그리 크지 않다.

### 시가총액과 경제력, 어느 것이 중요할까?

대부분의 글로벌 시장지수처럼 MSCI World 지수는 구성 종목의 시가총액에 따라 중요도를 매긴다. 즉, 주식시장에서 기업의 가치가 높을수록 지수에서 차지하는 비중이 높아진다. 한 국가의 시가총액은 해당 국가의 증권거래소에 상장된 모든 기업의 시가총액을 합한 것이다. 전 세계적으로 비교했을 때, 시가총액이 가장 높은 상장 기업들은 미국에 있으며, 따라서 미국의 기업은 대부분의 글로벌 상장지수에 빠지지 않고 포함된다. 몇몇 지수는 국내총생산(GDP) 수준에 따라 가중치를 적용한다. 즉, GDP가 높은 국가에 있는 기업에 가장 큰 비중을 부여한다. 경제력이 상장 기업 시가총액의 두 배 이상인 유럽과 독일 기업은 그러한 지수에서 상위에 있다. 수익률 측면에서 보면 두 가지 방식의 가중치에 따른 차이는 크게 다르지 않다. 예컨대 1970년부터 2019년까지 GDP에 비중을 둔 MSCI World 기반 ETF의 수익률이 전통적인 시가총액 중심의 MSCI World 기반 ETF보다 약간 높은 수익률을 올렸다.

하지만 동시에 GDP 기준 변동성은 더 컸다. 일반적으로 변동성이 큰 소형주의 비중이 훨씬 높아졌기 때문이다. 요컨대 글로벌 지수를 추종하는 주식형 펀드를 선택할 경우, 해당 펀드가 경제력과 시가총액 중 무엇에 중점을 두고 있는지는 당신의 투자 성공 여부에 그다지 큰 영향을 미치지 않는다.

### 글로벌 지수를 구성하는 다섯 가지 방법

특정 ETF를 검색하기에 앞서 어떤 지수와 주식시장을 다룰지 결정해야 한다. 앞서 말했듯이 선택지는 무궁무진하고 다양한 조합이 가능하다. 앞으로 소개할 다섯 가지 포트폴리오를 활용하면 잘못된 선택을 할 가능성이 줄어든다. 유형별 분산투자와 더불어 선호도에 따라 부동산, 원자재를 포트폴리오에 더하거나 유럽 기업의 비중을 늘리는 방안도 있다. 이제 다섯 가지 포트폴리오 유형을 차례대로 살펴보자.

**올인원 유형: 전 세계를 공략하는 인덱스**

가장 간단한 방법은 여러 국가와 다양한 산업 분야가 편입된 단일 지수를 기반으로 한 글로벌 포트폴리오에 투자하는 것이다. 말하자면 올인원(All in One) 포트폴리오다. 그중에서 MSCI World를 비롯한 일부 지수는 미국, 독일, 프랑스, 일본 등 선진국 종목으로만 국한되어 있다.

이러한 지수에 투자하는 것만으로도 제법 광범위한 투자가 가능하지만 그보다 더 폭넓은 분산투자가 가능한 지수도 있다. 일부 지수는 여기에 더해 신흥국 지수도 포함하고 있다. 신흥국은 기술적으로는 상당히 발전하고 세계적인 유망 대기업들을 보유하고 있지만, 전체적으로는 선진국보다 경제적으로는 덜 발달한 국가들이다. 중국, 인도, 멕시코, 브라질, 한국 등이 포함되어 있다. 그에 따라 해당 지수에는 매우 많은 종목이 편입되어 있다. 예를 들어 FTSE(파이낸셜 타임스 증권거래소)에서 산출한 FTSE All World 등이 있다. 비록 선진국 점유율이 압도적이지만(90%) 해당 지수에는 선진국과 신흥국의 8,700여 개의 기업이 편입되어 있다.

광범위한 분산투자가 가능한 또 다른 글로벌 지수로 MSCI ACWI가 있다. MSCI World처럼 MSCI에서 산출하는 지수다. ACWI는 'All Countries World Index'의 약자다. MSCI ACWI 역시 선진국과 신흥국의 2,900여 개 기업으로 구성되어 있지만, FTSE All World에 비하면 종목이 다소 적은 편이다.

이러한 지수들 중 하나를 기반으로 하는 올인원 포트폴리오라면 실패할 일이 거의 없다. 관리하는 것도 훨씬 수월하다. ETF 하나만으로 전체 포트폴리오를 구성할 수 있기 때문이다.

**간단하지만 효과적인 70:30 혼합**

선진국 지수와 신흥국 지수를 서로 결합하여 직접 선진국 및 신흥국의 혼합 포트폴리오를 설계하는 방법도 있다. 이를 통해 올인원 방식과 마찬가지로 전 세계 경제를 모두 포괄하는 분산투자가 가능하다. 선진국 지수로는 독일, 네덜란드, 미국, 스웨덴 같은 23개국에 기반을 둔, 총 1,600종목으로 구성된 MSCI World가 적절하다. 신흥국 지수는 이름에 'EM'이 붙어 있어 쉽게 알아볼 수 있다. EM이란 'Emerging Markets(신흥국 시장)'의 약자다. 예컨대 MSCI에서 산출한 MSCI EM 지수가 여기에 해당된다. 해당 지수에는 약 1,400종목이 편입되어 있다. 두 지역의 비율을 어떻게 설정할 것인지는 전적으로 당신의 결정에 달려 있다. 많은 투자자가 70 대 30 비율을 활용한다. 그에 따라 투자금의 70%가 MSCI World ETF에, 나머지 30%가 MSCI EM으로 유입된다. 일반적으로 MSCI EM의 대안으로는 소형주까지 편입하는 MSCI EM IMI 지수가 있다.

**대형주, 중형주, 소형주 중 어디에 투자할까?**

MSCI World와 같은 대부분의 글로벌 지수는 대형주와 중형주 종목만을 포함한다. 하지만 거기서 더 나아가 소형주까지 포함된 지수도 있다. 그중 한 가지가 바로 MSCI EM IMI 지수다. 'IMI'는 'Investable Markets Index'의 약자로, '투자 가능한 신흥시장'을 의미한다. 이 지수는 3,000개 이상의 신흥국 주식을 추적하며(Emerging Markets),

대형주와 중형주뿐 아니라 소형주(Micro Caps)까지 포함하고 있다. 다만, MSCI EM IMI를 시가총액 중심으로 본다면 소형주 비중은 턱없이 낮은 편이며, 전체 영향력도 미미하다. 또한 해당 지수를 추종하는 ETF는 운용 비용이 비교적 높은 편이다.

### 유럽을 더 많이 편입한 50:20:30 비율

지금까지 언급한 글로벌 지수에서는 미국의 기업들이 강력한 영향력을 행사하고 있고 유럽의 기업은 다소 하위에 포진되어 있다. 그런데도 당신은 포트폴리오에 유럽 기업의 비중을 늘리고 싶을 수도 있다. 그럴 경우 포트폴리오에 선진국 지수 및 신흥국 지수와 더불어 유럽 주식 종목에만 적용되는 한 가지 지수를 추가하고, 세 가지 지수의 비중을 50:20:30 비율로 설정한다. 투자금의 절반을 MSCI World를 기반으로 하는 ETF에, 30%를 신흥국 시장 지수인 MSCI Emerging Markets에, 남은 20%를 STOXX Europe 600에 유입시키는 것이다. STOXX Europe 600은 스위스 인덱스 공급자 STOXX에서 산출한 지수로, 유럽 상위 600개 기업이 편입되어 있다. EU 회원국 27개국 외에 아이슬란드, 리히텐슈타인, 노르웨이가 이 지수에 포함된다. 또한 스위스는 포함되지 않았지만 영국은 포함되어 있다. 현재 STOXX Europe 600에는 소프트웨어 그룹인 SAP, 아일랜드의 케미컬 기업인 린데(Linde), 영국의 유니레버(Unilever)와 같은 대기업 등이 포진되어 있다.

유럽 비중을 추가한 이런 포트폴리오는 대부분의 글로벌 지수

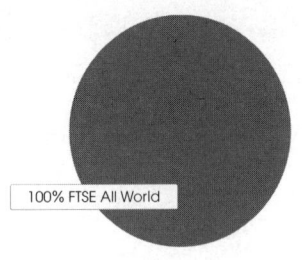

**단일 ETF로 구성된
글로벌 ETF 포트폴리오**

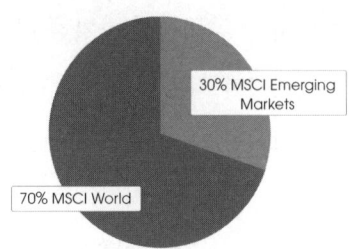

**신흥국에 많은 비중을 둔
글로벌 ETF 포트폴리오**

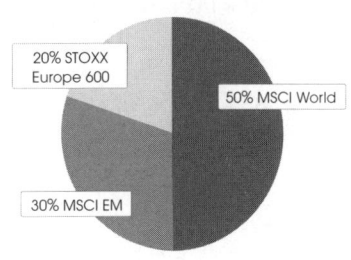

**유럽과 신흥국에 많은 비중을 둔
글로벌 ETF 포트폴리오**

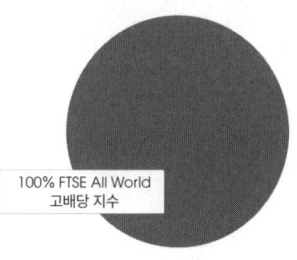

**배당금 위주의 심플한
글로벌 ETF 포트폴리오**

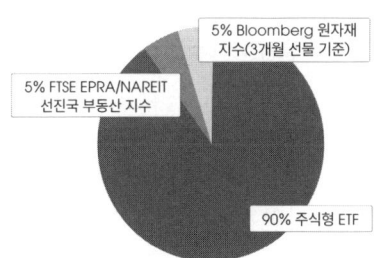

**부동산, 원자재가 포함된
글로벌 ETF 포트폴리오**

에서 높은 비중을 차지한 미국 주식 편중을 줄이기 위한 하나의 선택지다. 예컨대 MSCI World의 50% 이상이 미국 기업으로 구성되어 있다. 일종의 클러스터 리스크(편중 위험)가 발생할 수도 있다. 미국 경제가 위기에 처한다면 당신의 포트폴리오는 (비록 일시적이더라도) 막대한 손실을 입을 수도 있기 때문이다.

물론 그렇다고 해서 반드시 미국 비중을 억제하고 유럽 기업에 대한 투자 비중을 보강해야 하는 것은 아니다. MSCI World에도 비록 비중이 작긴 하지만 이미 유럽의 우량 기업들이 포함되어 있기 때문이다. 그런 상황에서 당신의 포트폴리오에 유럽 ETF를 추가로 편입할 경우 당신이 보유하게 될 유럽 종목은 20%를 넘어서게 된다.

### 배당형 포트폴리오를 통한 수동적 수익

글로벌 포트폴리오를 활용하면 일반적으로 높은 배당금을 지급하는 기업에 집중적으로 투자할 수 있다. 그것으로 기대수익이 증가하는 것은 아니지만 1년에 몇 차례 소액의 배당금을 지급받는다는 생각에 흐뭇해질 수도 있다.

이러한 배당형 포트폴리오를 구성하는 가장 간단한 방법은, 하나의 지수를 추종하는 ETF에 투자하는 것이다. 예를 들어 'FTSE All World 고배당 지수'처럼 단일 주가지수를 추종하는 ETF 상품이 있다. 이는 사실상 우리가 첫 번째 포트폴리오에서 살펴본 FTSE All World의 자매 격인 지수다. 주로 선진국과 일부 신흥국 종목 중 평균 이상의 배당금을 지급하는 상위 1,600개 기업으로 구성되어 있다.

배당형 전략은 무엇보다 기분이 좋아진다는 장점이 있다. 정기적으로 일정 금액이 생긴다는 생각만으로 동기부여가 될 수 있다. 하지만 장기적 측면에서 보면 고배당 종목이 배당금이 없는 종목에 투자할 때보다 수익이 높다고는 할 수 없다. 배당금을 지급하지 않는 기업은 잉여자금을 별도로 보관했다가 신상품이나 혁신에 투자하므로 장기적으로는 기업의 가치 상승에 기여하게 된다. 기업의 가치가 상승하면 결국 투자자도 그 혜택을 누리게 된다.

또한 배당금 전략에는 주식 소득과 마찬가지로 배당금에도 세금이 부과된다는 단점이 있다. 물론 비과세 한도가 있지만 이를 초과하면 배당금의 일부를 세금으로 납부해야 한다. 그러면 당신의 계좌 잔고도 줄어들고, 투자할 돈이 줄어드는 만큼 20년, 30년 또는 40년 뒤에 생길 기대수익 또한 감소할 수밖에 없다.

배당금을 지급하는 횟수도 미지수다. 배당금 지급은 의무가 아니므로 매년 기업의 수익에 따라 달라진다. 침체기가 시작되면 항상 배당금을 지급하던 기업이 배당금 지급을 중지하거나 대폭 삭감하는 경우도 종종 발생한다. 수익성 측면으로만 보자면 배당금 전략을 추천하지 않는다.

**주식, 부동산, 원자재 혼합 투자**

포트폴리오에 다양한 투자군을 더하는 것도 가능하다. 선택 가능한 투자군에는 이를테면 부동산과 원자재가 있다. 이런 투자군은 종종 고전적인 주식 투자와는 다른 양상으로 전개될 수 있다. 이러한 분산 전략의 이면에는 시장의 변동성을 완화하고 오롯이 주식에만 투자할 때보다 더 많은 수익을 창출하겠다는 계산이 깔려 있다.

이런 투자 방식은 대개 90:5:5 비율로 혼합 포트폴리오를 구성한다. 투자 자금의 90%는 앞서 살펴본 단일 또는 여러 개의 주식형 ETF에 투자하고, 남은 10%를 부동산과 원자재로 나누어 분산투자한다. 여기서 부동산은 부동산 주식을 일컫는다. 부동산 주식은 실제 부동산에 시간과 비용이 많이 드는 방식으로 직접 투자하지 않고도, 부동산 섹터에 투자할 수 있는 아주 좋은 방법이다. ETF를 활용하면 한 번에 수백 개의 부동산 관련 상장기업에 투자할 수 있다. 이러한 ETF 상품은 전형적인 부동산 펀드에 비해 훨씬 유동적이며 비용도 저렴하다. 부동산 부문에 투자하고 싶은 마음은 굴뚝같지만 직접 매매하는 방식은 피하고 싶은 투자자에게 부동산 ETF는 편안하면서도 저렴한 기회를 제공한다. 예컨대 선진국의 상장 부동산 주식 중 가장 규모가 큰 100대 기업을 추적하는 FTSE NAREIT Developed Markets 등과 같은 ETF 상품을 고려해 볼 수 있다. 하지만 꼭 부동산 전용 지수여야 하는 것은 아니다. 그것이 아니라도 FTSE All World 또는 MSCI

World와 같은 지수에는 부동산 기업의 주식이 이미 일정 부분 편입되어 있기 때문이다.

반면 블룸버그 상품 지수는 원자재를 다룬다. 이 지수에는 각기 다른 20대 원자재 그룹이 편입되어 있으며, 그중에는 귀금속, 농산물, 석유와 같은 에너지 상품 등이 포함되어 있다. 원자재 지수는 일반적으로 변동성이 강한 편이다. 그런데도 투자를 원한다면 포트폴리오 다각화를 위해 소규모로 진행하는 것이 유리하다. 따라서 원자재에 투자 예산의 최대 5%까지 투자할 수 있지만, 이 또한 필수는 아니다. 두 자산 유형에 반드시 투자해 보고 싶다면, 원자재와 부동산에 투자용 자산으로 할당한 금액의 10% 이상을 넘기지 않도록 유의해야 한다. 그렇지 않으면 전 세계 주식시장이 제공하는 수익률을 충분히 누리지 못할 수도 있다.

### 글로벌 포트폴리오: 단순함이 맺은 결실

유독 미국의 기술주가 지배적인 해도 있고, 유럽 제약 산업의 수익성이 현저히 높았던 해도 있다. 늘상 그렇듯이 특정 지역이나 산업 또는 개별 기업이 전체 시장의 수익률보다 더 높거나 부실한 결실을 맺곤 한다. 그에 따라 몇 개월에 한 번씩 포트폴리오의 비중을 조정하고 싶을 수 있다. 하지만 이는 패시브 투자 전략과는 거리가 멀다. 오히려 개별 종목을 선별해서 투자하는 주식 파킹과 비슷하다. 포트폴리오의 완벽한 비율을 찾고 최적화하는 데 많은 노력과 비용을 들인다고 해도 꼭 높은 수익률로 이어지는 것은 아니다. 계속 이리저리 갈아타다 보면 꼭 내지 않아도 될 세금을 더 내야 하는 상황이 벌어지기도 한다. 포트폴리오를 조정하려면 매번 주식을 팔아야 하고 거기서 발생한 소득에 세금이 부과된다. 이런 비용을 피하고 마음의 평화를 찾으려면 글로벌 포트폴리오 중에서 가장 단순한 형태를 선택해야 한다. 무엇보다 단순함의 가치가 여기에서 빛을 발휘한다.

**도박은 다른 통장으로 하라**

이 책을 읽는 모든 독자가 모범적인 패시브 투자자가 되어 단기적인 스릴을 좇아 개별 주식 종목이나 섹터 ETF에 투자하지 않을 것이라고는 믿지 않는다. 이는 지나치게 순진한 생각이라는 걸 알고 있다. 장기적 측면에서 시장보다 수익률은 좋지 않지만 이런 식의 투자 경험도 학습 과정의 일환이 된다. 몇 년 전 나도 개별 주식 종목을 사고파는 데만 집중하던 시절이 있었다. 패시브 투자를 시도해 보기 전의 일이다. 패시브 투자와 관련하여 발표된 전문 학술 연구를 살펴보니 하나같이 똑같은 명제가 눈에 들어왔다. 개별 종목에 하는 베팅은 헛수고라는 것이다. 나 또한 그런 식의 투자 방식에서 재빨리 벗어났다.

그래도 개별 종목 투자 주제와 관련하여 한 가지 조언은 하고 싶다. 패시브 투자와 별개로 가볍게 투기적 시도를 해보고 싶다면, 반드시 별도의 계좌를 개설하여 투자하길 바란다. 글로벌 포트폴리오가 연계된 통장으로 개별 종목에 투자를 병행하는 것은 절대 금물이다. 그래야 과도한 열정에 함몰되어 잘 유지 중인 ETF를 해지하려는 섣부른 생각을 미연에 방지할 수 있다. 이게 핵심이다! 당신의 재무 목표를 달성하기 위해 따로 마련해 둔 자금은 절대로 개별 종목 투자에 활용하지 말 것!

## 3단계: 당신의 포트폴리오에 딱 맞는 ETF를 찾아라

아마 지금쯤이면 당신이 그린 포트폴리오 속 세상이 어떤 모습일지 그려볼 수 있을 것이다. 첫 번째 단계는 이미 완수했다. 이제 당신이 정한 전략을 구현하는 데 적합한 금융 상품이 필요하다. 이는 여름휴가를 떠나는 것과 비슷하다. 목적지는 정했지만, 전체를 실행하려면 기차와 호텔을 선정해야 한다. 다시 당신의 포트폴리오로 되돌아가 보자. 이제는 당신이 선택한 지수를 추종하는 ETF 상품이 필요하다.

각각의 지수마다 단 하나의 상품만 있는 것이 아니라 거의 20개에 이르는 다양한 ETF 상품이 있다. 예컨대 MSCI World에 투자하는 ETF에 가입하려 할 때 (2025년 6월 기준) 선택 가능한 상품은 무려 18종에 이른다. 처음에는 그중 하나를 선택하기가 막막해 보일 것이다. 왜냐하면 오늘날 ETF는 10년 전 기관 투자자들을 위해 만들어졌을 때처럼 기계적으로 들리는 복잡한 명칭을 그대로 사용하고 있기 때문이다. 보통의 소액 투자자가 'Xtrackers MSCI World UCITS ETF 1C'를 보고 어떤 상품인지 단번에 알 수 있을까?

## ETF 명칭에 숨은 정보

언뜻 보면 도통 뭐가 뭔지 이해가 안 될 것 같지만 걱정할 필요가 없다. 핵심 약자만 이해하면 해독하기가 그리 어려운 것도 아니다. 다음의 예시를 찬찬히 살펴보자.

명칭의 가장 앞에는 ETF 운용사의 명칭이 나온다. 위의 예시에서는 도이체방크(Deutsche Bank)의 자회사인 Xtracker가 운용사다. Xtracker는 자산운용사 브랜드인 Black Rock의 iShares와 마찬가지로 유럽에서 가장 큰 ETF 운용사다. ETF 검색을 하면 자꾸 눈에 들어오는 UBS, Vanguard, Amundi, Lyxo 역시 업계에서 잘 알려진 ETF 운용사다.

두 번째 부분은 ETF가 추종하는 지수 명칭이다. 예시의 경우는 MSCI Emerging Markets 지수를 추종한다. 그 뒤로 이어지는 ESG(Environmental, Social and Corporate Governance)는 환경적·윤리적·사회적 기준에 따라 지속 가능성을 추구하는 ETF임을 명시한다. 이어지는 약어 UCITS(Undertakings for Collective Investments in Transferable Securities)는 해당 ETF가 EU의 UCITS 규정과 투자자 보호를 위한 특정한 안전성 기준을 통과

ETF 명칭의 구성 요소

했음을 나타낸다. 예컨대 ETF는 자본금의 20% 이상을 단일 종목에 투자하는 것이 금지되어 있다. ETF 운용사는 일정 수준 이상의 분산투자를 보장할 의무가 있다. UCITS 표기가 있다면, 투자된 돈이 특별 자산으로 분류되어 펀드 운용사의 파산에도 손실을 입지 않는다는 것을 파악할 수 있다. 바로 뒤에 나오는 ETF는 말 그대로 이것이 ETF(상장지수 펀드)임을 나타낸다.

명칭의 마지막 부분에는 주로 해당 펀드의 추가 특성이 표기된다. 예시에 표기된 '1C'는 해당 ETF가 재투자형이라는 뜻이다. 즉, 배당금이 자동으로 재투자되어 당신의 자산에 합쳐진다는 의미다. 그 밖의 특성은 뒤에서 다시 살펴보도록 하자.

## ETF 고를 때 눈여겨봐야 할 기준

다행히 ETF 상품을 고를 때 큰 실수를 할 가능성은 거의 없다. 무엇보다 동일한 지수를 추종하는 다양한 ETF 상품들은 서로 유사하기 때문이다. 당연한 일이다. ETF 상품 자체가 전부 똑같이 지수와 최대한 동일한 수익률 달성을 목표로 하고 있으니 어찌 보면 그리 놀랍지 않다.

몇몇 온라인 ETF 비교 포털사이트는 여러 운용사가 제공하는 ETF 상품을 한눈에 보여준다. 원하는 조건을 설정하면 그에 부합되는 ETF 필터링이 가능하다. 세부적으로는 운용보고서(팩트시트: Factsheet)를 통해 투자 의향이 있는 ETF를 면밀히 검토할 수 있다. 대부분 두 쪽 분량의 자산구성내역(PDF; Portfolio Deposit

File)은 해당 ETF의 핵심 정보를 제공한다. 이를테면 해당 인덱스 펀드의 자산이 어떻게 구성되어 있는지, 어떤 종목, 국가 또는 부문에 투자했는지, 비용은 얼마나 드는지와 같은 정보가 상세히 수록되어 있다. 식료품 포장지 뒷면에 영양 정보가 상세히 기록된 것처럼, 해당 상품에 대해 알아야 하는 모든 정보가 PDF에 기재되어 있다. PDF에는 유기농 두부의 영양성분표처럼 생전 처음 들어본 용어들이 가득할 것이다. 그러므로 실제로 ETF를 검색할 때 필요한 정보부터 먼저 알아보자.

### 운용자산

해당 펀드에 투자된 자본의 합계를 말한다. 모든 투자자가 투자한 자본의 합계를 지칭하며 항상 시세 수익 및 시세 손실이 반영된다. 신규 투자자가 펀드에 투자하거나 시세가 변동될 때마다 운용자산도 늘어나거나 줄어든다. 투자자의 입장에서는 펀드의 자산 규모가 클수록 유리하다. 운용자산이 크다는 것은 일반적으로 ETF 운용사의 비용이 낮다는 것이고, 그로써 펀드 공급자는 더 저렴한 비용으로 ETF 상품을 제공할 수 있다. 대형 글로벌 ETF의 선택 기준으로 나는 운용자산이 적어도 1억 유로 이상인 상품을 선택할 것을 권고한다. 하지만 대부분의 펀드가 이미 이 기준을 충족하고 있으니 크게 걱정할 필요는 없다.

**출범일**

ETF가 시작된 날짜를 나타낸다. 나는 출범한 지 3년이 넘은 상품을 추천한다. 그 정도는 되어야 비교적 안정된 상품이라고 확신할 수 있다.

**비용**

ETF는 다른 금융 상품에 비하면 수수료 및 비용이 놀랄 정도로 저렴하지만 그런데도 각각의 ETF 상품들 또한 비용에 차이가 있다. 투자자 입장에서는 비용이 낮을수록 좋다. 이때 총보수비용률(Total Expense Ratio, TER)을 기준으로 비교할 수 있다. 총보수비용률은 운용사가 ETF에 포함된 개별 종목들을 구성 및 운용하는 데 들어가는 연간 수수료의 비중을 나타낸다.

TER은 매년 투자된 자산에 대해 일정 비율로 부과되며, ETF의 경우 0.1~0.5% 사이다. MSCI World를 추종하는 ETF는 대부분 0.2%다. 즉, 1천만 원을 ETF에 투자한다면 매년 발생하는 운용 비용은 2만 원이라는 것이다. TER은 펀드 운용자산에서 자동으로 차감된다. 즉, 연계 계좌에서 이체되거나 예금에서 따로 인출되지 않는다. TER에는 ETF 운용사가 지수 제공 기업에 지불해야 하는 보수 및 상품 수수료는 물론 인허가 수수료 등이 포함되고, 이러한 비용은 전부 투자자의 몫이 된다. 예컨대 펀드 운용사 iShares에서 MSCI World를 추종하는 ETF를 출시했다면 지수 정보를 얻고 해당 지수 명칭을 사용하는 데 지수 제공 업체 MSCI에 사용료를 지급해야 한다.

## 추적 오차

ETF는 지수를 거의 그대로 추종하지만 완전히 똑같지는 않다. 대부분의 경우 ETF의 성과는 그가 추종하는 지수와 약간 다른 전개를 보이기도 한다. ETF 실제 수익률과 지수 수익률 차이의 오차를 추적 오차(Tracking Error)라고 한다. 이런 추적 오차는 양수 값(ETF 수익률이 지수 수익률보다 낮을 경우) 또는 음수 값(ETF 수익률이 지수 수익률보다 높을 경우)을 가질 수 있다.

**ETF가 지수를 이탈하는 이유는?**

ETF 수익률이 벤치마크 지수(추종 지수)와 다르게 나타나는 것은 총보수 비용률(TER)과 관련 있지만 펀드를 설계할 때 생기는 시간차 때문이기도 하다. 또한 ETF가 지수에서 산출한 것보다 더 적은 세금을 납부할 때도 이런 오차가 발생한다. 지수란 편입된 종목에 직접 투자하지 않으며 그저 측정만 한다는 점을 기억할 것이다. 그러므로 지수 자체는 세금을 납부하지 않지만 지수에 편입된 유가증권들을 매수할 경우 발생할 수 있는 세율을 가정해 계산한다. 그런데 ETF의 실제 세율이 추정치보다 낮다면, ETF에는 세금 공제 후 더 많은 자본이 남게 된다. 그럴 경우 ETF는 벤치마크 지수보다 더 좋은 수익률을 달성한다. 아울러 ETF가 지수보다 좋은 성과를 내는 이유는, ETF 운용사가 주식대차 등 추가 이익을 실현할 경우 해당 소득을 다시 펀드 운용자산으로 유입시키기 때문이다.

예를 들어 일부 ETF는 운용보고서에 ETF와 벤치마크 지수의 추이를 다음과 같이 명시한다.

|  | 1년 | 3년 | 5년 | 10년 | 출시 이후 |
|---|---|---|---|---|---|
| ETF | 35.16% | 14.57% | 14.37% | 11.09% | 10.98% |
| 벤치마크 지수 | 35.07% | 14.49% | 14.29% | 11.05% | 11.06% |

iShares Core MSCI World ETF와 MSCI World 수익률 비교(출처: iShares.de)

추적 오차는 매우 흥미로운 지표지만 이를 제공하는 ETF 운용사는 드물다. 반면 모든 펀드 운용사는 TER을 고지할 의무가 있다. 그런 만큼 ETF를 평가하는 데 있어 가장 간편한 방법은 TER을 활용하는 것이다. 여기에 더해, 추적 오차는 해마다 달라진다. 항상 과거의 수치를 기반으로 하기 때문에 앞으로 지수가 어떻게 변동할지 정확히 보여주는 지표는 아니라고 봐야 한다.

### 참고하면 좋지만 꼭 신경 쓸 필요는 없는 사항

수익이 발생하면 무엇을 해야 할까? 일부 기업은 주주에게 배당금을 지급한다. 배당형 또는 재투자형 ETF 중 무엇을 선택하느냐에 따라 지급된 배당금은 다음과 같이 활용된다.

### 배당형 ETF

기업에 적립된 배당금은 연 1회 또는 여러 차례로 나누어 지급된다. 이때 배당금은 펀드에서 이체되어 주식 계좌로 입금된다. 원한다면 주식 계좌에서 인출도 가능하다. 그럴 경우 주식 계좌와 연동된 예금통장에 이체된다(보통예금 계좌가 이상적이다.).

### 재투자형 ETF

배당금을 별도로 인출하지 않으면 자동으로 펀드에 적립된다. 예컨대 연간 10만 원의 배당금이 지급된다면 이 돈이 자동으로 투자된 상태를 유지한다. 펀드는 이 돈으로 새 종목을 매수하기 때문에 운용자산의 증가로 이어지고, 결국 당신의 ETF 지분도 증가한다.

배당형 ETF와 재투자형 ETF 중 무엇을 선택할지는 순전히 취향의 문제다. 애초에 더 좋고 나쁜 선택은 없다. 두 가지 방식 모두 장점이 있다. 배당된 수익을 자동으로 재투자하는 재투자형 ETF는 특히 20년, 30년 혹은 40년 이상 투자 상태를 유지할 경우 매우 유익하다. 수익으로 펀드 지분을 추가로 매수할 수 있기 때문이다. 또한 최종적으로 수익을 실현할 때만 세금을 납부하면 된다.

배당형 ETF는 상황에 따라 돈을 인출할 의향이 있고, 일종의 부수입을 창출하기를 원하는 투자자에게 적합하다. 일반적으로 배당금이 지급되는 순간 곧바로 과세 대상이 된다. 이 또한 비과세 한도를 초과하지 않는다면 매우 매력적인 옵션일 수 있다.

ETF 명칭에서도 해당 펀드가 배당금을 지급하는지 확인할 수 있다. 약자 ACC 또는 C는 'accumulating(축적)'을 의미하며, 재투자형 펀드를 지칭한다. 약자 DIST 또는 DIS가 명기된 펀드는 'distributing(분배)'을 의미하며, 배당형 펀드임을 나타낸다.

### 실물 복제냐, 합성 복제냐

일반적으로 벤치마크 지수를 추종하는 ETF를 구성하는 방법은 두 가지다. 실물 복제의 경우, 벤치마크 지수에 편입된 주식을 ETF에서 실제로 매수한다. 하지만 파생 상품을 이용해 특정 지수를 간접적으로 추종하는 합성 복제 펀드도 있다. 이 경우, 지수에 편입된 주식을 직접 매수하지는 않는다. 대신 증권사가 중간에 개입하여 펀드 운용사의 주식을 간접적으로 매수하며, ETF는 그 주식을 간접적으로 보유한다. 투자자의 수익률 측면에서는 아무런 차이가 없다. 벤치마크 지수가 2% 상승하면 ETF도 2% 상승한다.

그러나 합성 복제 펀드의 경우, ETF 펀드 운용사 외에 또 다른 증권사가 개입하여 주가를 인위적으로 조종한다는 비판의 목소리도 크다. 이론상으로는 이 중간 기관이 파산할 경우 그 손실은 투자자의 몫이 된다. ETF 운용사는 그런 위험을 대비하여 담보(보증자산)를 마련해 두지만, 이론상의 리스크는 엄연히 존재한다. 그러므로 두 방식 중 하나를 선택해야 한다면 실물 복제 방식을 추천한다.

운용보고서에는 복제 유형과 관련하여 간단히 '실물' 또는 '합성'이라고만 표기된다. 약자로는 실물 복제를 의미하는 DR(직접 복제: direct replication), IR(간접 복제: indirect replication)로 표기한다.

### ETF 투자에서 무시해도 되는 사항

ETF가 어떤 통화로 운용되는지는 중요하지 않다. ETF에 투자하여 수익이 발생하면 자동으로 자국 통화로 환전되어 지급된다. 그러므로 ETF 시세가 미국 달러로 표시되어 있든, 유로로 표시되어 있든 중요하지 않다. 최종적으로 투자자가 계좌를 보유한 국가의 통화로 환산된다.

### 운용보고서의 기타 정보

각 ETF 상품은 고유하다. 그러므로 국가별 식별번호와 전 세계적으로 통용되는 식별번호가 존재한다. 독일의 경우 6개의 숫자 코드가 부여된 독일 증권식별번호와 국가 코드인 DE에 12개의 숫자 코드가 붙은 국제증권식별번호(ISIN)가 있다. 한국도 6개의 숫자 코드로 된 증권식별번호와 KR로 시작되는 12자리의 국제증권식별번호가 있다. ETF에 대한 더 많은 정보를 찾고 있거나 각 상품에 대한 혼동을 방지하고 싶을 때 이런 식별 코드가 도움이 된다. 그 외에 길게 나열된 숫자는 무시해도 상관 없다.

운용보고서에는 해당 ETF의 토대가 되는 지수 정보가 수록되

**지역별 구성**

|  |  |
|---|---|
| 미국 | 68.32 % |
| 일본 | 6.41 % |
| 영국 | 4.09 % |
| 캐나다 | 3.29 % |
| 프랑스 | 3.20 % |
| 스위스 | 2.80 % |
| 독일 | 2.52 % |
| 호주 | 1.98 % |
| 네덜란드 | 1.43 % |
| 스웨덴 | 1.06 % |
| 기타 | 4.89 % |

iShares Core MSCI World UCITS ETF의 국가별 분포도(출처: iShares)

어 있다. 이러한 지수를 종종 벤치마크 또는 간단히 인덱스라고 표현한다. 운용보고서에는 포지션(Position)도 기본 정보로 제공한다. ETF 상품은 얼마나 많은 기업에 투자하고 있을까? 그리고 구체적으로 어떻게 거래하고 있는 걸까? 운용보고서에는 이러한 정보가 세세하게 수록되어 있다. 하지만 해당 지수에서 상위 10위 포지션과 핵심 종목에 대한 비중만을 설명하는 운용보고서도 있다. 아울러 부문 및 지역별 비중도 제공된다. 거의 모든 운용보고서에 ETF가 투자한 경제 부문과 지역 그리고 그 비중이 위의 도표처럼 명시되어 있다.

### 이제 실전으로!

당신이 세운 금융 계획에 일치하고 투자 의향이 있는 ETF 상품을 발견했다면 즉시 증권식별번호를 기록해 두어라. 그래야 나중에 쉽게 찾을 수 있을 뿐만 아니라 종종 암호처럼 여겨지는 어지러운 ETF 명칭을 외우지 않아도 된다. 이제 금융 상품을 직접 가입하는 데 필요한 것은 계좌 개설만 남았다.

## 4단계: 당신의 포트폴리오를 위한 계좌를 개설하라

증권 계좌는 자본시장의 입구이자 ETF와 같은 금융 상품에 투자할 때 꼭 필요한 전제조건이다. 유가증권을 보관하는 일종의 디지털 금고라고 생각할 수 있다. 동시에 증권 계좌와 연계하여 소위 결산 계좌라 불리는 추가 통장을 개설해야 한다. 해당 계좌에서 매매 대금과 각종 수수료가 공제된다. 3-통장 모델의 경우 세 번째 통장이 이 결산 계좌에 해당한다.

### 데포와 브로커

데포(depot)와 브로커(broker)라는 말은 일상에서 종종 동의어로 사용되지만 엄밀히 말하면 각기 다른 개념을 가리킨다. 브로커란 일종의 증권 중개인으로서, 고객을 대신해 주식 등의 거래를 수행해 주는 중개인 또는 증권사를 의미한다. 다시 말하면 투자자와 증시를 이어주는 서비스 제공자다. 하지만 대부분의 브로커는 예탁 기관을 통해 투자자가 매수한 유가증권을 보관하는 데포 계좌(예탁 계좌)도 함께 제공하기 때문에 일반적으로 두 용어가 동일한 맥락으로 쓰인다.

## 증권 계좌는 어디에 개설하는가

증권 계좌 개설은 당신이 정한 브로커가 누구인지, 또 어떤 상품을 어떤 주기로 거래하고 싶은지에 달렸다. 예탁 기관마다 제공하는 옵션, 조건 또는 가격 구조가 동일하지 않기 때문이다. 따라서 증권 계좌를 선택할 때 다음과 같은 질문을 활용해 보자.

### 당신이 선택한 ETF는 적립식인가?

증권 계좌를 개설하기 전에 투자를 원하는 ETF 상품과 해당 운용사가 적립식 투자가 가능한지 확인해 봐야 한다. 가능하면 수수료 없이 무료 서비스를 제공하는지도 확인해 본다. 일부 운용사는 절약형 ETF 100종목 상품을 제공하며, ETF 1,000종목을 무료로 제공하는 곳도 있다.

### 당신은 어디에 투자하고 싶은가?

ETF 위주로 투자할 계획이라면, 다양한 ETF 상품을 제공하는 증권사를 선택하는 것이 좋다. 반대로 적극적으로 주식 거래를 하는 투자자를 대상으로 하는 일부 증권사는 개별 종목은 다양하게 제공하지만, ETF 상품은 제한적이어서 적립식 투자가 가능한 ETF 수는 매우 적을 수도 있다. 또한 채권, 원자재 같은 다른 자산군이나 파생 상품 등 복합 금융 상품에도 투자하고 싶다면, 그런 상품까지 거래 가능한 증권사를 선택해야 한다.

투자군 외에도 브로커가 연결된 거래소도 중요하다. 독일에는

Xetra 외에 다수의 증권거래소가 있다. 일부 온라인 브로커는 특정 거래소 한 곳과만 연결되어 있다. 만약 유명 지수를 추종하는 ETF에 투자하고 단순한 패시브 전략을 구사할 의향이라면 이런 제한이 큰 문제가 되지 않지만, 이색적인 틈새 종목 거래를 원하는 투자자는 다양한 국내외 거래소로 이어주는 통로가 필요하다.

### 세금 자동납부 서비스를 제공하는가?

브로커는 이자 소득세를 자동으로 계산하여 해당 국세청에 납부하는 '세금 자동납부' 서비스를 제공해야 한다. 그래야 훨씬 편리하다. 이는 독일에 기반을 둔 모든 브로커가 제공하는 서비스다. 하지만 일부 해외 브로커는 자동납부를 하지 않기 때문에, 투자자가 직접 이자 수익에 대한 세금을 연말에 세무서에 신고해야 한다.

### 모바일 또는 PC

증권 계좌를 모바일 또는 PC를 통해 접속할지는 순전히 취향 문제다. 현재 대부분의 온라인 브로커는 모바일 앱과 PC 버전으로 서비스를 제공하고 있다.

### 비용이 가장 저렴한 곳은?

먼저 혼동하지 말아야 할 것은 증권 계좌 유지 비용과 거래 수수료가 다르다는 점이다. 물론 증권사에 지불하는 비용이 적을수록 그만큼 투자금이 늘어난다. 다행히 독일의 경우 ETF를 통한 글로벌 투자의 비용은 거의 없다. 특히 증권사의 비용을 최소한으로 낮춘 소위 네오브로커(Neobroker)라는 신생 온라인 증권사의 등장으로 치열한 가격 전쟁이 시작됐다. 네오브로커는 현대식 온라인 브로커로, 특히 매력적인 앱과 저렴한 비용, 간편한 사용자 인터페이스로 기존의 증권사와 차별화를 꾀하고 있다. 일반적으로 금융업 라이선스를 보유하고 있지 않으므로 기존 예탁 은행과 협업하여 운영된다. 네오브로커로 촉발된 가격 전쟁 덕분에 우리 같은 개인 투자자들에게는 양질의 ETF 상품과 주식 상품이 쏟아져 나오고 있다. 자, 처음부터 다시 짚어보자. 증권 계좌에 발생하는 비용에는 무엇이 있을까? 증권 계좌 유지 비용과 거래 수수료의 차이는 무엇일까?

- 증권 계좌 유지 비용: 일부 증권사에서 고정 금액으로 부과하지만, 극소수에 불과하다. 독일에서는 보통 연 10유로 수준으로 저렴한 편이며, 비싼 곳은 50유로까지도 받지만, 극히 드물다(한국의 경우는 거의 무료다.). 일부 브로커는 연결된 결제 계좌에 예치된 돈에 마이너스 금리를 적용하기도 하니 주의해야 한다. 계좌 개설을 할 때 약관에 '보관 수수료'가 명시되어 있는지 봐야 한다. 그 비율에 따라 결제 계좌에 있는 예수금에서 공제된다. 극소수의 브로커만이 이러한 비용을 청구하기 때문에 증권 계좌 유지 비용과 함께 충

분히 피할 수 있는 항목이다.

- 거래 수수료: 매수, 매도 또는 적립식 투자로 발생하는 수수료를 말한다. 브로커에게 신청하는 매수 또는 매도 신청을 '주문(Order)'이라고 부르기도 한다. 네오브로커 중 다수가 현재 거래 수수료를 1유로 정도로 제한하거나 ETF 상품의 경우는 별도의 수수료를 부과하지 않는다. 그러나 일부 전통적인 증권사는 예나 지금이나 거래 수수료를 청구하고 있으며, 경우에 따라 거래별 최대 2.5%의 추가 비용을 청구하기도 한다. 예컨대 ETF에 월 40만 원을 적립식으로 투자할 때 거래당 수수료를 2.5% 내야 한다면 1만 원이며, 연간으로 환산하면 수수료는 총 12만 원이다. 다행히 현재는 ETF 투자자들을 위한 저렴한 수수료 상품도 많고, 수수료가 무료인 상품도 더러 있으므로 거래 수수료 비용은 손쉽게 절약할 수 있다.

그러므로 증권사를 선택하기 전에 각 증권사의 수수료를 비교해 봐야 한다. 각 증권사에서 제공하는 수수료와 조건은 수시로 변동되기 때문에 앞서 언급한 수수료는 현시점이 기준임을 유의해야 한다.

거래 수수료에는 소위 '스프레드(Spread)'가 간접적으로 포함된다. 이는 매수가와 매도가 사이의 갭을 말한다. 당신이 증권거래소에 유가증권을 매도한다고 가정해 보자. 우선 매수 호가 정보를 얻을 것이다. 이는 증권을 사려는 사람이 해당 유가증권에 지급하려고 준비한 최고가를 말한다. 반면 당신이 ETF 지분이나 주식을 살 의향이 있다면 정해진 매도가를 지불해야 한다. 매도가, 즉 매도 호가란 매도자가 유가증권을 팔면서 받고자 하는 최저 금액이다. 때로는 매도가가 매수가를 넘는 상황이 생기면서 스프레드가 형성된다. 따라서 유가증권을 샀다가 곧바로 되판다면, 당신은 매수할 때 더 많은 금액을 지불하고, 매도할 때 더 적은 금액을 받게 되어 손해를 보게 된다. 결국 스프레드가 크다는 건 투자자 입장에서 거래 조건이 나빠진다는 뜻이며, 매수든 매도든 불리한 거래가 된다는 것을 뜻한다.

스프레드의 수치에 영향을 주는 요인들은 다양하다. 예를 들어 유가증권이 유동적일수록, 다시 말해 거래 회전율이 높을 경우 스프레드의 격차도 줄어든다. 또한 거래하는 날짜와 시간도 중요한 역할을 한다. 다수의 온라인 증권사는 증권거래소가 공식적으로 개장하지 않은 시간대에 매수 혹은 매도를 대행하는 서비스를 제공하고 있다. 그럴 경우 스프레드의 격차가 더 벌어질 수 있다. 예컨대 장이 이미 마감된 밤 9시경에 ETF 1주를 매수한다면 더 높은 스프레드를 감안해야 한다. MSCI World의 ETF 상품의 경우 그 격차가 0.5%까지 벌어지기도 한다. 다시 말해 1만 유로를 투자할 경우 정규 거래시간 이외에 ETF를 매수하면 같은 ETF를 정규 거래시간에 사는 것보다 50유로를 더 지불할 수도 있다(독일 ETF 정규 거래시간은 오전 9시~오후 5시 30분이다.).

만약 장기간 설정한 적립식 투자에 의해 지수 펀드에 투자하고 있다면 스프레드는 전혀 신경 쓸 필요가 없다. 증권거래소가 개장한 이후에 자동이체가 실행되므로 스프레드는 매우 낮다.

### 증권 계좌는 어떻게 개설하는가

이로써 모든 사전 준비가 끝났고, 드디어 실전에 돌입할 단계가 왔다. 이제 당신을 위한 첫 번째 증권 계좌를 개설해 보자. 다행히 지금은 몇 년 전에 비해 계좌 개설 과정이 한결 간편해졌다. 심지어 소파에 편안히 앉아 스마트폰으로 증권 계좌를 여는 것도 가능하다. 은행에서 신규 계좌를 개설할 때와 유사한 방식으로 진행되며 30분도 채 걸리지 않는다.

증권사를 선택했다면 그다음 절차는 항상 동일하다.

1. '증권 계좌 개설하기'를 선택한다.
2. 세부 정보를 입력한다(이메일, 연령, 직업, 연결 계좌 정보 등).
3. 본인 인증을 완료한다.
4. 개설 완료! 이제부터 투자할 수 있다.

적립식 투자를 설정하려면 다음과 같은 단계를 따라 진행한다.

1. 증권사를 선택한 뒤, 모바일 앱 또는 오프라인에서 증권 계좌를 개설한다.
2. 투자금 이체를 위한 CMA 계좌 또는 ISA 계좌 같은 투자 전용 계좌를 연결한다.
3. ETF 상품을 선택한다.
4. 적립식 투자 설정 메뉴를 접속한다. 가령, ETF → 적립식 투자로 이동한다.(정기 투자 설정, 자동매수 등 증권사마다 이름이 조금씩 다를 수 있다.)
5. 투자 조건(매수 주기, 매수 금액, 매수 시간, 투자 기간, 분할 매수/전체 매수)을 설정한다.
6. 자동이체 계좌 등록 및 인증을 진행한다.
7. 적립식 투자 설정 완료!
8. 당신만의 글로벌 포트폴리오에 추가하고 싶은 ETF를 발견할 때마다 이 과정을 순서대로 반복한다.

### 포트폴리오의 균형을 유지하는 방법

주식시장의 흐름에 따라 처음에 설정했던 포트폴리오의 비중이 달라질 수 있다. 글로벌 포트폴리오라면 특정 시장보다 훨씬 더 높은 성과를 내고 급속도로 성장한 까닭에 비중이 급격히 높아질 수도 있다. 그에 따라 위험형 투자 자산 및 안전형 투자 자산 비율이 변하기도 한다. 수익형 투자군이 안전형 투자군에 비해 늘어남으로써 의도하지 않았더라도 전체 포트폴리오 리스크가 커질 수밖에 없다. 원래 설정하였던 포트폴리오 비중을 유지하려면 일정한 간격으로 '리밸런싱(rebalancing: 자산 균형 재조정)'을 시행해야 한다. 다음과 같은 사항을 주의하면 치밀하게 세웠던 초기 투자 전략을 안정적으로 유지할 수 있다.

### 위험형 투자 자산 및 안전형 투자 자산 리밸런싱

보통예금이나 정기예금과 같은 안전형 투자군에 예치된 돈은 가치 변동에 크게 영향을 받지 않는다. 수익형 투자군에 예치된 자산과는 사뭇 다르다. 주식형 ETF의 가치가 상승하면 수익형 투자군에 예치된 당신의 자산도 늘어난다. 그로써 수익형 및 안전형 투자군의 비율이 균형을 잃을 수 있다. 예를 들어 80% 수익형, 20% 안전형이라는 혼합 비율이 90 대 10으로 조정될 수 있다. 이로 인해 전체 포트폴리오의 리스크가 상승한다. 기존에 설정한 80 대 20 비율로 재조정하려면 일정 기간 ETF 적립식 투자를 정지시켜 놓거나 안전형 투자군에 예치하는 저축액 비중을 늘리는 방법도 있다. 보유하고 있는 ETF 지분을 매도하여 그 대금을 예금으로 이체하는 방법도 가능하다.

글로벌 포트폴리오 시세가 하락한다면 이와 정반대로 조정해야 한다. 예적금에 있는 자금을 일부 인출하여 주식형 ETF를 추가로 구매하는 식이다. 주가가 하락했을 때 추가 구매를 결정하는 것은 용기가 필요한 일이지만, 장기적으로는 보상이 따를 것이다.

**글로벌 포트폴리오의 리밸런싱**

수익형 투자 자산, 즉 글로벌 포트폴리오가 최소 두 개 이상의 ETF로 설계되어 있다면 처음에 설정한 혼합 비율을 유지하기 위해 주기적으로 한 번씩 균형을 맞춰야 한다. 한 ETF의 가치가 5% 상승하면 그곳에 투자된 자산도 5% 증가한다. 그런데 동시에 다른 ETF가 3% 하락하면 그곳에 투자된 자산의 가치도 3% 감소할 것이다. 그러다 보면 처음에 설정한 70 대 30 비율이 유지되지 않고 80 대 20 또는 63 대 37 비율로 변할 수 있다. 그런데도 굳이 정기적으로 리밸런싱을 통해 균형을 맞춰야 하는 이유는 무엇일까? 이유는 아주 간단하다. 글로벌 포트폴리오의 리밸런싱을 통해 장기적으로 수익률을 높일 수 있다. 일반적으로 호황기가 끝나면 침체기가 뒤따르게 마련이다(평균으로의 회귀). 그러므로 글로벌 포트폴리오의 비율을 재조정하여 원래의 균형을 맞춰야 한다. 리밸런싱에는 다음과 같은 두 가지 방법이 있다.

- 적립식 투자 조정: ETF에 적립식 투자를 하고 있다면, 최근 수익률이 좋아서 비중이 높아진 ETF는 적립을 잠시 중단하고, 반대로 비중이 감소한 ETF의 투자액을 일시적으로 증액한다. 처음에 설정한 자산 비중이 회복될 때까지 이 상태를 유지한다.
- 부분 환매: 적립식 투자를 설정하지 않았거나 매우 강한 비중 변동이 생겼다면 포트폴리오 리밸런싱을 위해 부분 환매

를 고려해 볼 수 있다. 수익률이 좋은 ETF를 일부 환매하여 시세가 하락한 ETF에 투자한다.

**리밸런싱은 얼마나 자주 해야 할까?**

적어도 1년에 한 번은 전체 포트폴리오(수익형 투자 자산 및 안전형 투자 자산)와 글로벌 포트폴리오(증권 투자 계좌)가 균형을 이루고 있는지, 아니면 비중이 한쪽으로 치우치지 않았는지 검토하는 것이 좋다. 오차가 5%를 상회한다면 리밸런싱을 고려해 볼 만한 시점이라고 할 수 있다. 더 나아가 주가가 10% 이상 급락하며 시장이 불안정한 시기에는 추가적인 리밸런싱을 고려해야 한다.

**핵심 포인트:**
# 투자자가 되는 6단계

---

- 변동성을 얼마나 감수할 수 있는지 스스로 확인하기 위해 포트폴리오를 수익형 투자 자산과 안전형 투자 자산 상품으로 구분한다.
- 수익형 투자 자산을 위해 마련된 돈으로 대형 글로벌 지수를 추종하는 주식형 ETF에 투자한다.
- 글로벌 ETF 포트폴리오를 구성하려면 먼저 전 세계의 지역별 지수를 찾아본다.
- 이어 선정한 지수를 추종하는 적합한 ETF를 검색한다. 이때 운용자산이 충분한지, 배당금 지급 여부, 비용 그리고 적립식 투자 설정이 가능한지를 꼼꼼히 살펴본다.
- 다음으로는 증권 계좌를 제공하는 투자 운용사를 검색한다. 특히 수수료 및 비용을 살피고 적립식 투자 서비스 설정이 가능한 ETF 상품이 많이 있는지 살피는 것이 무엇보다 중요하다.
- 이것으로 끝! 지금부터 당신은 투자를 시작할 수 있다.

# 당신이 항상
# 알고 싶었던 모든 것

이제 투자를 시작하는 데 필요한 도구가 당신의 손에 있다. 그러므로 큰 문제 없이 손쉽게 증권 계좌를 개설하고 당신의 첫 번째 적립식 투자 계획을 설정할 수 있을 것이다. 당신의 머릿속에 떠오르는 대부분의 물음표는 지금쯤 어느 정도 해소되었겠지만 이 단계에서 지식을 더 심화할 수 있다. 이번 장에서는 피난츠플루스 사이트에 매일 올라오다시피 하고, 한편으로는 어쩌면 당신도 궁금해할 만한 질문에 대한 답변을 하려고 한다.

## 언제 시작하는 것이 좋은가

투자의 적기는 언제일까? 당신은 어쩌면 이러한 의문을 떠올려본 적이 있을 것이다. 인턴을 시작하여 첫 월급을 받았을 때일까?

아니면 앞으로도 계속 몸담을 직장을 찾았을 때일까? 자식들이 집에서 독립했을 때? 아니면 전 세계 경제를 강타한 금융 위기에 모든 시세가 지금보다 확연히 떨어졌을 때?

당신은 어쩌면 투자를 시작할 적기를 예전부터 오랫동안 기다려왔을 수도 있다. 하지만 뒤를 돌이켜 본다면 그때는 지나간 뒤에야 알 수 있다. 다시 말해 타이밍을 놓쳤다고 볼 수 있다. 그러므로 이리저리 재지 말고 차라리 투자를 시작하는 것이 현명하다. 그것도 당장 오늘이면 최고일 것이다.

망설임이 길어질수록 최종적으로 당신이 축적하게 될 자산의 크기도 줄어든다. 어쨌거나 돈을 굴려 수익을 창출하는 데는 항상 시간이 부족한 법이다.

### 재테크를 시작하기에 너무 이른 건 아닐까

위와 같은 이유로 투자를 망설인다면 당신은 전혀 어리지 않다고 조언하고 싶다. 25세부터 매월 50만 원을 ETF에 투자한다고 가정해 보자. 현실적인 가치 상승을 연 5%(인플레이션 반영 후)로 설정하면 65세가 되었을 때 최종 자산은 세후 약 6억 3천만 원이 된다.

그런데 30세에 재테크를 시작할 경우 65세에 위와 동일한 금액을 모으려면 매월 65만 원 정도를 투자해야 한다. 그리고 50세에 시작할 경우 매월 납입해야 하는 금액은 무려 250만 원 정도로 늘어난다. 재테크를 늦게 시작할수록 그보다 빨리 시작하여 복리 효과를 최대로 누린 사람보다 목표를 달성하는 데 필요한 자본이 늘어나는 셈이다. 그러므로 일찍 시작할수록 그만큼 좋다.

**재테크를 시작하기에 너무 늦은 건 아닐까**

"나무를 심기에 최상인 적기는 20년 전이었다. 하지만 차선을 고르라면 바로 오늘이다."라는 중국 속담이 있다. 그리고 이것은 재테크에도 맞춤인 격언이다.

이미 50세라도 재테크를 시작할 만한 가치는 충분하다. 심지어 은퇴 후에 시작하는 것도 마찬가지다. 중요한 것은 투자 기간이다. 만약 당신의 투자 기간이 최소 15년 이상이라면, 시장의 단기 변동성을 견디고 수익을 얻을 가능성이 매우 높다. 또한 이 기간 동안 복리 효과도 누릴 수 있다. 다만 투자 기간이 길수록 복리 효과는 크게 작용하기 때문에 늦게 시작할수록 효과는 줄어든다는 점을 유의하자. 그래도 "지금 당장 시작하는 것"이 아무것도 하지 않는 것보다는 훨씬 낫다.

15년 정도의 투자 기간을 예상한다면 포트폴리오를 설계할 때 안전형 투자 자산 비중을 더 높게 설정하고 수익성 투자 자산을 낮추어야 한다. 그것으로 포트폴리오가 변동성에 노출되는 폭이 줄어들어 손실을 최소화할 수 있다. 다시 말해 시장에 불어닥친 침체기로 평정심을 잃고 정신없이 매도 주문을 남발하는 위험을 방지할 수 있다.

## 시세 하락을 기다리지 말 것

시세가 하락할 때까지 주식 매수를 망설이는 투자자도 더러 있다. 언뜻 이러한 '폭락 타이밍(Crash Timing)'은 굉장히 설득력이 있는 것 같지만 사실 정말 무의미하다.

완벽한 투자 타이밍을 찾는 것은 거의 불가능에 가깝다. 정확한 투자 시점을 맞춘다는 것은 사실상 운에 의존하는 일이다. 2003년으로 돌아가 보자.

당시는 닷컴 버블(Dotcom Bubble)이 터진 이후로 인터넷 기업들에 대한 열풍이 사그라들고, 주가도 큰 폭으로 하락한 상태였다. 요즘의 시각으로 보면 "그때가 주식을 살 최고의 기회였구나!"라고 생각할 수 있지만, 당시에는 불확실성이 컸고 "더 떨어질 수도 있다"는 공포가 컸기 때문에 쉽게 투자 결정을 내리기 어려웠다. 2007년과 2008년 전 세계를 강타했던 금융 위기도 마찬가지다. 당시만 해도 2009년부터 곧바로 시세가 다시 반등할 것이라고 그 누구도 예측하지 못했다.

완벽한 타이밍을 기다리다가 당신은 소중한 수익 기회마저 놓쳐버릴 수 있다. 최저가에 매수하려고 장장 5년을 매수 시기만 재고 망설인 끝에 비교적 좋은 가격에 투자하더라도, 그동안 놓친 수익을 만회할 수는 없다. 그러므로 시장 상황에 개의치 말고 매월 정해진 금액을 10년 이상 투자하기를 권한다. 보유한 자산을 각각의 매수 시점으로 분산하여 '좋은 시점' 또는 '나쁜 시점'에도 골고루 투자해야 한다. 결과적으로 처음에 투자를 시작했을 때 얼마의 가격으로 매수했는지는 장기적 관점에서 볼 때 무의미해진다.

## 한 번에 투자할까, 나눠서 투자할까

지금까지 어느 정도 저축을 하여 수중에 1천만 원 또는 5천만 원 정도가 있을 수도 있다. 아니면 유산 상속으로 그보다 더 많은 금액이 당신의 통장에 잠들어 있을 수도 있다. 만약 그 돈으로 재테크를 하고 싶다면 두 가지 방법이 있다.

- 일회성 투자: 전액을 한 번에 투자한다.
- 단계별 투자: 보유한 자산을 여러 번으로 나눠 단계별로 투자한다. 만약 6천만 원이 있다면, 이것을 여러 번으로 나눠 매월 500만 원씩 투자한다. 그럴 경우 투자 기간이 1년 이상으로 늘어난다.

### 최종 자산이 더 불어날 가능성은 일회성 투자가 크다

장기간의 통계를 살펴보면 과거에 일회성 장기 투자를 한 투자자가 단계별로 나눠 투자한 사람보다 더 높은 수익을 창출했다. 이는 주식이 장기적으로는 긍정적인 수익률을 기대할 수 있는 자산이기 때문에, 처음부터 투자금 전액을 시장에 투입하는 것이 일반적으로 더 유리하다는 의미다.

　설령 시세가 추락하기 직전에 투자했더라도 수십 년 후의 포트폴리오에는 그 영향이 크지 않으며, 결국에는 수익을 달성했을 것이다. 하지만 한 번의 폭락 이후에 시장이 다시 회복될 때까지 시간이 제법 걸릴 수 있으므로 무엇보다 인내심과 담력이 필요하다.

### 적립식 투자가 안심된다면 그렇게 하라

적립식으로 나눠서 투자하면 일회성 투자에 비해 수익률이 줄어들 확률이 높다. 투자한 자본금이 서서히 단계별로 증가하는 것이므로 처음에 수익을 달성할 금액이 상대적으로 적은 탓이다. 하지만 심리적 스트레스를 어느 정도 적정선 아래로 유지할 수 있다는 장점이 있다. 그리고 재테크 과정에서 공포에 질려 심리적으로 불안해지는 상황을 방지하는 것은 수익률만큼이나 중요하다.

## 투자와 세금: 세금이 무섭다고?

세금 문제를 제대로 몰라서 자칫 실수할까 봐 두려운 마음에 투자를 망설이는 사람들이 생각보다 많다. 무릇 재테크란 세금을 빼놓고 논할 수 없다. 하지만 비과세 한도를 잘 활용하면 세금을 전혀 내지 않을 수도 있다. 그 밖에도 증권사가 세금 신고를 대행하여 관리해 준다. 있지도 않을 세금 폭탄에 지레 겁먹지 말자.

한국의 경우 금융투자소득세를 2025년 현재 시행하지 않고 있지만, 독일의 경우 투자 방식과 상관없이 투자 수익은 전부 자본 수익으로 간주되므로 과세 대상이다. 자본 수익은 기타 소득과 상관없이 누구에게나 일괄적으로 25%의 고정세율이 적용되는데, 자본 수익에는 연대세로 5.5%의 추가 세금이 더해진다. 25% 세율에 5.5%의 세금이 더 붙는 것이다. 그러므로 총 26.375%의 세금이 자본 수익에 부과된다.

비과세 및 기본공제 한도도 체크해 두어야 한다. 한국의 경우는 국내 상장 주식에 한해 연 5천만 원까지는 비과세 구간이고, 채권, ETF, 펀드 등 기타 금융소득은 연 250만 원까지 비과세 구간이다. 세율은 3억 원 이하 20%, 3억 원 초과 25%이며, 지방소득세 2%가 추가된다.

자본 수익에는 다음과 같은 항목이 있다.

- 이자: 보통예금 또는 정기예금에서 받는 예금이자가 여기에 해당된다. 채권을 통해 지급받는 액면 이자도 포함된다.
- 배당금: 주식회사는 주주들에게 배당금을 지급한다. 이러한 이익 분배 역시 자본 수익으로 간주된다. 배당금 수익은 개별 종목을 매수할 때는 물론 펀드와 ETF를 통해서도 지급된다.

- 시세 수익 실현: 증권거래소에서 ETF 시세가 상승할 경우 이는 시세 수익을 의미한다. 이때 ETF를 매도하여 차익이 발생한다면 그 수익에 대한 세금을 납부해야 한다(한국은 양도차익이 비과세 대상이다.). 재투자형 ETF의 경우 수익이 발생할 경우 곧바로 재투자되므로 과세는 추후로 연기된다.

### 세금 신고를 내 손으로 직접 할 필요는 없다

금융투자소득세는 원천 과세다. 즉, 발생과 동시에 원천에서 직접 공제된다. 투자 수익이 실제로 비과세 한도를 초과할 경우 과세된 세금은 자동으로 위탁 기관에서 공제한 후 투자자를 대신하여 국세청으로 이체한다. 이렇게 금융투자소득세는 원 소득에서 미리 '징수'하므로 종종 원천세라고도 불린다. 그래서 편리한 점이라면, 자본 수익을 세금 신고 시 기재하거나 국세청에 잘못 신고하지 않으려고 전전긍긍하지 않아도 된다는 것이다.

### 비과세와 소득세 면세 한도는 어떻게 다를까?

비과세의 경우는 해당 한도를 초과하는 소득에만 과세를 적용한다. 연 소득이 2천만 원이고 비과세 한도가 400만 원인 경우 세금이 부과되는 금액은 1600만 원이다. 반면 소득세 면세 한도를 초과하는 소득일 경우 전체 소득에 세금이 부과된다. 예컨대 연 2천만 원의 수익이 발생하고 소득세 면세 한도가 1500만 원이라면 2천만 원 전체에 세금이 부과된다.

**주의! 비과세 신청을 잊지 마라!**

비과세 한도 적용은 몹시 유용하다. 하지만 자동으로 적용되는 것이 아니라 직접 신청해야 적용된다. 그렇지 않으면 해당 증권사에서 금융투자소득세를 자동으로 공제한다. 자본 수익이 비과세 한도를 넘든 그렇지 않든 상관없이 일괄 적용된다(한국의 경우, 고령자나 장애인을 대상으로 하는 비과세 종합저축, 개인종합자산관리계좌인 ISA 계좌, 연금저축/IRP 계좌 등을 통해 비과세 혜택을 받을 수 있다.).

## 세법은 언제라도 변할 수 있다

세법은 언제나 변한다. 비과세 한도와 세율이 조정되고, 일부 소득 계층에 대한 부담은 완전히 폐지되고, 아예 다른 법안이 도입될 수 있다. 예컨대 독일에서 2009년까지 주식 보유 기간이 1년을 초과한 주식의 수익은 세금이 전액 면제되었다. 2000년대 초까지 배당금은 절반까지만 과세되었다. 시기가 언제든 투자자를 위한 지침은 항상 변하기 마련이다.

하지만 한 가지는 다시 짚고 가자. 세금이 무서워서 계속 투자를 망설일 이유는 없다. 특히 ETF 투자자의 경우는 세금 부담이 비교적 적은 편이므로 세금 때문에 수익률이 크게 줄어들까 봐 걱정할 필요가 전혀 없다.

## 대폭락이 오면 무엇을 해야 하는가

지금까지 금융 경제 매체에서 이 정도로 자주 언급되는 주제는 없었다. 바로 '대폭락'이다. 그중에서도 특히 증권시장의 급락, 침체, 글로벌 시스템 붕괴에 대한 불안은 어디서나 빠지지 않는 단골 주제다. 인터넷과 베스트셀러 목록에도 '세기의 대폭락'이 다가오고 있음을 시사하는 출판물이 수백여 종에 이른다. 정말 그렇다면 그 시기는 언제일까?

이런 최악의 시나리오에 대비하는 가장 좋은 방법은 포트폴리오를 분산하여 손실을 최소화하고 그런 악재에서도 '어떻게든 자산을 구제할 방법'을 예측해 보는 것이다. 선동가들이 줄곧 떠들어 대는 예언이 정말 실현된다면, 투자 자산을 언제 처분하는 것이 좋을지 고민해 볼 필요가 있다. 적어도 한 가지만큼은 그들의 주장이 옳다. 앞으로 대폭락이 다가온다는 명제는 나 또한 확신하는 바다. 다만 투자자들이 우려하는 그런 주식시장의 대폭락은 아니다. 오히려 이런 대폭락 상황을 잘만 이용하면 재산을 축적하는 매우 유용한 이벤트가 될 수 있다.

### 막연한 두려움은 근거가 없다

일단 투자를 시작하면 적어도 한 번쯤은 주식시장의 대폭락을 체험할 가능성이 높다. 위기와 폭락은 경제 발전의 일환이므로 전혀 이상한 일이 아니다. 하지만 언제 이런 상황이 벌어질까? 그것만큼은 누구도 예측할 수 없다.

금융 위기가 닥치면 당신의 포트폴리오는 일시적이지만 제법 큰 손실을 기록할 것이다. 시세가 붕괴되면서 그 뒤로 수년 동안 증권 계좌에 마이너스만 빼곡할 수도 있다. 금융 위기에 겪은 시세 폭락을 회복하지 못하고 투자자의 무관심 속으로 몰락하는 기업들도 부지기수다. 더욱이 모든 돈을 오롯이 주식에만 집중투자 했다면 대폭락에 대한 불안은 실제로 커다란 근심거리가 될 수밖에 없다.

반면 ETF로 분산투자하는 글로벌 포트폴리오에 투자하고 있다면 두 발 쭉 뻗고 자도 좋다. 왜냐하면 시세는 언젠가 다시 오른다는 진리를 당신도 잘 알고 있을 것이니 말이다. 그저 최대한 버티기만 하면 충분하다. 증권시장 대폭락을 끔찍한 공포 시나리오로 만들 것인지, 아니면 수익률을 높이는 절호의 찬스로 삼을 것인지 선택하는 것은 각자의 몫이다. 계속 묵묵히 투자를 이어가며 대폭락 기간 내내 주가가 하락한 종목을, 일명 특가로 계속 끌어모으며 시세 하락의 시기를 당신의 목표 달성을 위해 적극적으로 활용할 수 있다.

### 대폭락 시기를 부를 위한 발판으로 삼을 것

매월 30만 원을 ETF에 적립식으로 투자하고 있다고 가정해 보자. 지난 몇 주 전부터 ETF는 1주당 15만 원으로 비교적 안정적인 시세를 유지하고 있었다. 그런데 갑자기 증권시장의 시세가 무너지며 ETF 한 주가 10만 원으로 폭락했다. 이런 상황에서 적립 금액을 재조정하지 않고 그대로 둔다면 브로커는 2주를 살 돈으로 3주를 자동 매수할 것이다. 그러다 몇 달 뒤 ETF 시세가 다시 15만 원으로 상승한다면 그사이 당신이 매수한 3주의 가치는 45만 원이 된다.

이러한 특가 매수 기회가 진정한 장기 투자자로서 당신이 다음에 찾아올 대폭락 시기를 두려워하기보다 갈망해야 하는 이유다. 폭락의 격차가 클수록 그만큼 더 좋다. 대폭락기를 겪은 최종 자산은 투자 기간 내내 소위 '아무 일도 없었던' 투자금보다 더 늘어날 가능성이 높다. 그런 이유로 나는 2020년 3월 코로나로 인한 위기가 시작되자마자 수중에 있는 돈을 전부 긁어모아 ETF에 투자했다. 이렇게 절묘한 특가 매수 타이밍을 절대 놓치고 싶지 않았기 때문이다.

### 시세가 더 하락한다면? 그럴수록 투자하라!

포트폴리오의 안전형, 수익형 투자 자산의 비중을 재조율하며 시세 폭락 시기를 적극적으로 활용할 수 있다. 시세가 하락하면 기존에 설정된 포트폴리오의 비중 역시 한쪽으로 쏠리게 되어 있다(241쪽 도표 참조).

ETF에 1억 원을 투자하고, 예금통장에 2500만 원이 예치되어 있는 포트폴리오를 예시로 살펴보자. ETF 시세가 50% 하락하면 기존의 1억 원은 5천만 원으로 줄어든다. 하지만 주가에 영향을

| 대폭락 이전의 포트폴리오 | | 1억 2500만 원 |
|---|---|---|
| | 안전형 투자 자산 | 수익형 투자 자산 |
| 기존의 분산투자 | 20%<br>2500만 원 | 80%<br>1억 원 |
| 대폭락으로 인한 변동 사항 | 0% | -50% |
| 변동 후 포트폴리오<br>비중(%) | 2500만 원<br>33.33% | 5000만 원<br>66.67% |
| 기존 분산투자 비중의 오차 | 13.33% | -13.33% |
| 변동 후 투자 재분배 | 1500만 원 | 6000만 원 |
| 오차 | -1000만 원 | 1000만 원 |

수익형 투자 자산의 대폭락에 의한 포트폴리오 비중 변화

받지 않는 예금통장에 있는 2500만 원에는 변동 사항이 없다. 그러므로 처음에 80 대 20으로 설정한 포트폴리오의 비중이 무너지면서, 수익형 투자 자산이 66%로 줄어든다.

  80 대 20의 균형을 다시 맞추려면(그리고 대폭락장에서 낮은 시세로 매수하려면) 안전형 투자 자산에서 1천만 원을 수익형 투자 자산, 즉 ETF 상품에 추가로 투자해야 한다. 그로써 투자금은 예금에 1500만 원(20%), ETF에 6천만 원(80%)으로 재분배될 것이다. 그리고 시간이 흐르면 ETF의 가치는 다시 상승할 것이다. 이런 식으로 투자 비중을 조정한다면 대폭락장이 올 때마다 무조건 투자금을 늘리거나 투자 목적으로 다른 곳의 돈을 끌어오는 일 없이 이득을 취할 수 있다.

MSCI All Countries World Index의 추이(1995~2021)

## 투자에서 가장 큰 리스크는 자기 자신이다

폭넓은 분산투자를 했다면 대폭락장이 찾아와도 그냥 묵묵히 기다리면 된다. 당황하고 놀란 마음에 성급히 매도만 하지 않는다면 당신이 입은 손실도 '실현'되지 않는다. 다시 말해 스스로 보유한 주식을 폭락한 시세에 매도하지 않는 한 투자금의 손실이 실제로 일어나는 것은 아니다. 그러므로 주식시장에서 유일한 리스크는 자기 자신 또는 좀 더 정확히 말하자면, 당신의 감정이다.

위의 도표에서 살펴볼 수 있듯이 지금까지 매번의 위기가 끝난 후 주가는 다시 회복했다. 주식시장의 시세는 멈추지 않고 일정한 속도로 오르는 에스컬레이터가 아니다. 오히려 올바른 길을 따라 걷다 보면 몇 미터 산으로 오르다 다시 계곡으로 내려가기를 반복하는 등산과 비슷하다.

  이런 관점에서 보면 훗날 대폭락장은 그저 소소한 1보 후퇴처럼 보일 수도 있지만 막상 그 상황에서는 극단적으로 느껴지기 마련이다. 그런 시기에 감정을 다스릴 꿀팁이 있다. 포트폴리오 계좌에서 마이너스 숫자를 보지 말고 그 시기에 매수한 ETF의 수를 보라. 그리고 그 시기에 해당 펀드의 수가 얼마나 늘어나는지에 초점을 맞추어라. 모든 것이 전부 당신의 감정에 달렸다.

### 그래도 변동 폭이 너무 심하다면? 투자 비중을 조정하라

위기가 닥쳤을 때 불안 때문에 한숨도 잘 수가 없다면 향후 이 위기가 끝나고 나면 리스크 관리를 해야 한다. 수익형 투자 비중을 줄이고 안전한 국채, 보통예금, 정기예금과 같은 안전형 자산에 더 투자하라. 그러면 위기가 닥쳐도 여러분의 포트폴리오의 가치 하락을 줄일 수 있다.

### 투자하지 않는 것이 오히려 더 위험하다

위기와 대폭락을 우려하는 것은 지극히 자연스러운 현상이다. 원래 사람은 원칙적으로 수익보다 손실을 더 과중하게 느낀다. 예컨대 직장에서도 기분 좋았던 날을 떠올리기보다 힘들고 짜증 나는 날의 기억으로 더 힘들어하는 일이 허다하다. 경제학자 대니얼 카너먼(Daniel Kahneman)은 이를 '손실 혐오(loss aversion)'라는 개념으로 설명했다.

투자와 관련하여 이렇듯 손실에 대한 두려움은 '차라리 돈을 투자하지 않는 게 낫지 않을까?'라는 생각으로 몰고 간다. 하지만 그렇게 되면 우리는 수익을 올릴 더 많은 기회를 잃어버리다가 오히려 득이 하나도 없는 거래를 하는 상황에 처할 수 있다. 불편한 시간을 잘 견디며 곧장 손수건을 던지며 굴복하지 않은 행동은 결국 수익률로 보상받을 것이다.

## 안전형 투자 자산으로 국채는 어떤가

앞 장에서 우리는 위험형 자산과 안전형 자산으로 분배한 포트폴리오 구성을 살펴보았다. 전체 포트폴리오의 변동성 완화를 목적으로 당신의 돈을 리스크가 적은 곳에 투자하려 한다면 지금으로는 정기예금이 가장 적절하다. 하지만 국채 또는 국채 ETF는 어떨까? 거기에 돈을 예치하는 것도 좋은 선택일까?

원칙적으로는 그렇다. 독일, 네덜란드, 룩셈부르크처럼 국가 신용도가 높은 나라에서 발행하는 유로화 국채는 투자 위험성이 매우 낮은 편이다. 무엇보다 독일 같은 선진국에서 여러분의 투자금을 반환하지 못하는 지급불능 상태가 될 가능성은 극히 낮기 때문이다. 그러므로 독일 국채에 투자하는 ETF에 돈을 예치할 수도 있을 것이다.

여기서 문제는 현재 이 부문이 당장 마이너스 거래가 될 수 있다는 점이다. 채권국으로서 독일은 신용평가기관에 의해 신용 가능 국가로 분류되었다. 즉, 독일 국채에 투자하는 것은 리스크가 현저히 낮다는 의미다. 하지만 그만큼 금리도 매우 낮은 편이다. 2025년 기준 10년 만기 독일 국채의 평균 수익률은 2.5%다. 국가 신용등급이 낮고 금리가 높은 국가의 국채는 연 4%의 고수익을 약속하겠지만 안전 자산으로서의 가치는 의심해 보지 않을 수 없다. 결국 그런 투자로 당신의 리스크만 커지기 때문에 안전 자산을 추구하는 목적에서 벗어난다.

그러므로 이러한 상황에서 나는 안전 자산 투자를 원한다면 차라리 정기예금에 예치하기를 권한다. 정기예금은 보통예금 계좌처럼 아무 때나 쉽게 돈을 인출할 수 없기 때문에 마음대로 안전 자산 투자를 해지하는 일도 줄어든다. 그 밖에 당장 금리는 적은 편이지만 그래도 플러스 영역에서 오르내린다.

하지만 1억 원 이상을 안전 자산에 예치하려는 투자자에게 적용되는 예외 사항이 있다. 은행이 파산할 경우 은행의 지급불능 상태로부터 예금을 보호해 주는 예금자보호법이 보장하는 한도는 한국의 경우 1억 원까지다.(독일은 보장 한도가 10만 유로다.) 투자 금액이 이 한도를 초과한다면 국채에 돈을 투자하는 것이 더 나은 선택일 수 있다.

그것이 고객의 돈을 최대한 안전 자산에 투자하기 위해 보험사 또는 연기금과 대형 기관 투자자들이 국채에 투자하는 이유다. 그런 거액을 예치할 만한 정기예금 상품이 달리 없는 것도 이유다.

또한 채권형 ETF에 투자한다면 주식형 ETF처럼 특별자산으로 분류되며, 금액 제한 없이 보호받을 수 있다.

## 친환경 투자: 양심을 따르는 투자는 어떤가

주식을 사는 것이 윤리적으로 비난받을 행위일까? 기후 위기 대응 상품에 투자하면 나도 기여하게 되는 걸까? 아니면 이 세상의 환경파괴범과 대형 설비 업체에 내 돈을 넣는 것 자체만으로 도덕적 가치의 몰락인 걸까?

갈수록 이런 질문을 하는 투자자들이 늘어나고 있다. 이런 의문이 머릿속을 채우면 차라리 주식을 최대한 멀리하는 것을 선호하게 된다. 솔직히 완전히 부당한 질책과 우려라고는 할 수 없다. 특히 장기 투자자들은 무언가 직접 애쓰는 일 없이 여러 기업에 두루두루 투자하기를 원한다. 통제권을 내려놓은 이런 방식은 매우 편리하고 효율적이다. ETF 같은 장기 투자 상품은 우리가 가만히 있어도 최고의 수익률을 올리는 기업들을 당신의 포트폴리오에 담아놓기 때문이다. 그리고 그중에는 윤리적으로 나무랄 데 없는 친환경 선두 주자뿐만 아니라 군수물자 제조 기업, 카지노 사업, 또는 한 해에 엄청난 양의 이산화탄소를 배출하는 대형 석유 기업도 포함되어 있다. 요컨대, 투자자 개인의 윤리관, 지속 가능성 및 사회정의에 역행하는 기업들이 대거 포진하고 있단 말이다. 만약 포트폴리오에 해당 기업의 주식을 배제한다면 지속 가능한 투자가 가능하다.

### 지속 가능한 투자란?

현재 여러 '친환경' 투자 가운데 특정 섹터를 완전히 배제하거나 지속 가능한 섹터에만 투자하는 지속 가능 ETF가 있다. 이러한 ETF는 펀드 명칭에 ESG 또는 SRI라는 약어가 포함되어 있다. 기업이 지속 가능성, 윤리성, 사회적 책임을 충족해야 한다는 기준을 의미하며, 이를 충족해야만 해당 ETF에 편입될 수 있다는 것이다. 이 가운데 ESG는 환경(Environment), 사회(Social), 기업 지배 구조(Governance)를 의미한다.

- 환경(Environment): 자원의 효율적인 사용, 이산화탄소 배출이 적은 친환경적인 생산 방식, 그리고 풍력 및 태양광과 같은 청정에너지 기술 발전을 통해 에너지 전환을 추진하는 것을 의미한다.
- 사회(Social): 신념의 자유, 보편적인 인권의 존중, 공정하고 인간다운 노동 조건과 임금, 그리고 근로자의 작업장 건강을 보장하는 것을 의미한다. 예를 들어 광산 기업은 작업 중 근로자가 다치지 않도록 최대한 배려해야 한다. 화학 물질 제조사는 근로자에게 안전한 보호복을 제공해야 한다. 또한 아동 노동과 강제 노동을 금지하는 것도 사회적 책임에 포

함된다.
- 기업 지배 구조(Governance): 이는 투명성, 다양성, 안전한 근무 환경을 중시하고, 부패를 방지하기 위한 체계적인 조치를 마련하는 등의 지속 가능한 기업 지배 구조와 조직 문화를 의미한다.

SRI, 즉 사회책임투자(Socially Responsible Investment)는 지속 가능한 투자를 의미하는데, 종종 ESG의 동의어로 사용되기도 한다. 둘 다 지속 가능성과 윤리적 가치를 중시하는 투자 방식을 뜻하지만, SRI 기준은 ESG보다 더 엄격한 편이다. 이를테면 유전 공학에 매진하는 기업이나 도박 업종에서 활발히 영업하는 기업은 SRI 기준에는 부합하지 않는 것으로 간주되지만, ESG 지수에는 일부 포함될 수도 있다.

### 친환경 지수는 어떻게 구성되는가

친환경 지수는 대형 지수 제공 업체 산하의 자체 평가 기관에서 집계한다. 친환경 지수는 처음부터 완전히 재설계된 것이 아니다. 이를테면 MSCI World와 같은 기존의 지수에서 특정 친환경 범주에 따라 필터링하여 구축된다. 지수 제공 업체는 모체가 되는 지수에 포함된 종목 중에서 지속 가능성을 충족하는 일부 주식만을 선별하여 새로운 지수를 구성한다.

평가 기관은 기업의 지속 가능성을 검증하기 위해서 관련된 기업의 정보를 수집하고 이사회와 인터뷰를 진행하며, 연간 보고서 또는 지속 가능성 보고서를 꼼꼼히 살피며 검증한다. 예를 들어 이산화탄소 배출량, 폐기물 생성량, 근로자의 건강 리스크 등을 기반으로 ESG 점수, 즉 일종의 지속 가능성 성적을 산출한다.

## 친환경 지수에 편입되는 기업은?

특정 기업이 친환경 지수에 편입될지는 해당 지수의 기준과 편성 방식에 따라 달라진다. MSCI World SRI 및 MSCI World ESG Leaders(MSCI World의 파생 지수)는 '동일 업종 내 최고 기업 선별(Best-in-Class)' 방식에 따라 구성된다. 핵무기 및 화학무기 제조업체, 담배 산업 기업, 전체 매출의 5% 이상을 석탄 채굴로 창출하는 기업처럼 특정 섹터의 기업은 처음부터 지수에 포함될 수 없다. 이후에도 한 단계 더 필터링을 시행하여 산업군별로 지속 가능성이 높은 기업만 지수에 편입된다. 쉽게 말해 '동일 업종 내 최고 기업'만을 포함시킨다. 그 결과 MSCI World SRI 지수에는 약 370개 기업만이 편입된다. 반면 모체 격인 MSCI World에는 총 1,600종목이 편입되어 있다.

FTSE ex Fossil Fuels(화석 연료 제외), S&P 500 ex Tobacco(담배 산업 제외), MSCI Global ex Controversial Weapons(논란이 되는 무기 제외)처럼 특정 섹터의 기업만 배제하는 지수도 있다. 마지막에 예로 든 지수는 무기 제조에 직접 관여하지 않더라도 간접적으로 관련이 있는 기업들을 제외한다. 가령 무기 제조업체의 주식을 20% 이상 보유한 기업까지 걸러내는 것이다.

MSCI Global Environmental과 같은 지수는 더 나은 세상을 만들기 위해 적극적으로 노력하는 기업들로 구성된다. 예를 들어 환경오염을 줄이는 제품이나 서비스를 개발하는 기업이 이에 해당된다. MSCI Women Leadership 지수는 양성평등에 중점을 두고 있으며 경영진과 이사회에 일정 수 이상의 여성 임원이 포함된 기업으로만 구성된다. SRI 기준에는 종교적 가치를 고려하여 투자하는 기준도 있다. MSCI World Islamic에는 이슬람 율법(샤리아)에 부합하는 종목만 편입된다. 따라서 도박, 음란물 제작 또는 담배 및 알코올 생산 기업들을 배제한다.

위에서 언급한 지수들은 지속 가능한 지수와 ETF를 위한 단편적인 예시에 불과하다. 이것만 살펴봐도 지속 가능한 투자의 세계가 얼마나 복합적인지 명확해진다.

일부 친환경 지수는 특정 섹터 또는 유행 테마에 베팅하는 것과 크게 다르지 않다. 예컨대 Solactive Hydrogen Economy 지수는 수소 분야에서 활약 중인 15개 종목으로 구성되어 있다. 수소 생산 기술을 제시하고, 대체 연료를 생산하거나 하이브리드 자동차를 개발하는 기업이 포함되어 있다. 하지만 이처럼 매우 한정된 수의 기업으로 구성된 지수는 패시브 투자라고 보기 어렵다. 포함된 기업 수가 너무 적어 분산투자의 장점을 누리기도 어렵다. 그리고 그것이 현재 친환경 ETF가 직면한 핵심적인 한계 중 하나다.

## 친환경 지수의 단점

친환경 지수의 단점으로는, 첫째, 종목이 적고 충분히 분산이 되지 않았다는 점이다. ETF의 지속 가능성 검증이 엄격해질수록 해당 ETF의 투자 리스크도 높아진다. 이는 친환경 기업이 견고하지 못해서가 아니라 ETF가 충분히 분산되지 않았기 때문이다. 일반적으로 모체가 되는 지수에서 걸러진 소수의 기업만이 편입되므로 결국 투자 대상 기업 수가 적고, 소수의 종목에 투자하는 리스크를 감수할수록 손실과 이익이 서로 상쇄되지 않기 때문에 투자금의 손실 가능성이 높아진다. 단일 산업 부문에 투자할 경우 그런 경향은 더욱더 두드러진다.

ETF의 규정과 제외 기준이 강화될수록 해당 지수에 편입되는 종목의 수도 현저히 줄어든다. 다만 방위산업처럼 특정 섹터만 제외하고 나머지는 포함하는 방식이라면 투자 대상이 넓어져 리스크 분산 효과도 커질 수 있다.

둘째, 지속 가능하다고 해서 모두 같은 지속 가능성을 의미하는 것은 아니다. 지속 가능성을 중시하며 진지하게 고려하는 투자자라면 단순히 ESG 또는 SRI라는 표기만 보고 섣불리 판단해서는 안 된다. 현재까지는 명확하고 통일된 분류 체계나 강제력 있는 기준이 존재하지 않기 때문이다. 평가 기관마다 저마다의 척도로 이를 평가하므로 특정 지수에서 ESG 친화적으로 평가받은 기업이 또 다른 지수에서는 기준을 충족하지 못해 제외되는 경우도 있다. 요컨대 특정 종목이 '지속 가능한 종목'인지에 대한 명확한 규정은 어디에도 없다는 말이다.

셋째, 친환경 ETF 투자로 실제 긍정적인 영향이 있는지는 측정하기 어렵다. 친환경 ETF 투자를 하면 더 나은 세상을 만드는 데 내가 일조하게 되는 걸까? 물론 가치관에 따라 이 질문의 답은 달라진다. 회의론자라면 기껏해야 주식을 매수하거나 매도만 하는 투자자들의 개입으로는 한 기업의 경영진이 내리는 결정에 아무 영향도 미치지 못한다고 생각할 것이다. 왜냐하면 거래되는 주식이 시장에서 이미 유통 중이기 때문이다. 주식을 산다는 것은 단지 소유권이 다른 사람에게 이전되는 것일 뿐, 그 자체로는 기업의 재무 상태나 경영 방향에 직접적인 변화는 없다는 것이다. 하지만 긍정적인 목소리도 있다. 이들은 친환경 투자를 통해 환경보호, 사회 책임과 같은 문제에 대한 세간의 인식이 높아지고 있다고 말한다. 또한 지속 가능성에 중점을 두고 경영하는 기업이라는 이미지를 구축하는 것만으로 경쟁에서 우위를 확보할 수 있다. 그리고 이러한 이점은 금융시장에도 긍정적인 평가로 이어진다. 하지만 지속 가능한 ETF 시장은 아직 시작 단계이기 때문에, 이를 뒷받침할 공신력 있는 연구 결과가 아직 나오지 않았다.

## 친환경 ETF 투자, 이렇게 하면 된다!

친환경 ETF 투자를 시작하려면 기존의 투자 순서와 유사하게 진행하면 된다. 투자 과정은 다음 세 단계로 이뤄져 있다.

**1단계: 친환경 지수를 한 가지 이상 찾는다**
- 주요 지수 제공 업체(MSCI, FTSE, S&P)의 웹사이트에서 당신의 투자 가치관에 부합하는 친환경 지수를 검색한다.
- 운용보고서를 보면 해당 지수가 어떤 종목을 포함하고 있는지, 그리고 어떤 기준에 따라 구성되었는지를 확인할 수 있다.

**2단계: 나에게 맞는 ETF를 찾는다**
- ETF 포털사이트 또는 웹사이트에 연결된 링크로 ETF 운용사로 이동한 뒤 선택한 지수를 추종하는 ETF 상품을 찾는다.
- 지수 검색을 건너뛰고 직접 원하는 기준을 설정한 뒤 그에 부합하는 ETF 상품을 필터링한다.
- ETF 운용보고서에서 ETF 구성 및 운용 방식에 관한 구체적인 정보를 확인한다.

**3단계: ESG 비중을 얼마나 할당할지 결정한다**
- 친환경 투자에도 고전적인 투자 전략과 동일한 방식으로 자산을 배분할 수 있다. 예를 들어, MSCI World ESG 70%, FTSE Emerging Markets ESG 30%로 비중을 두어 투자할 수 있다.

### 만약 선호하는 지수에 ESG가 없다면?

모든 지수가 ESG 기준을 반영한 버전으로 존재하는 것은 아니다. 장기적으로 지속 가능성에 중점을 두고 투자하려는 의향이 있어도, 현재 선택한 지수가 아직 ESG 버전으로 출시되지 않았다면, 우선은 '일반적인' 지수에 투자하며 시장 동향을 주시하기를 권장한다. 향후 지금의 ETF를 대체할 ESG 버전이 출시된다면, 곧바로 갈아타면 된다.

핵심 포인트:
## 투자의 적기

---

- 투자를 시작하는 데 있어 당신의 나이는 어리지도, 그렇다고 많지도 않다. 무엇보다 최소 15년 이상을 투자할 수 있어야 한다는 점이 가장 중요하다.
- 저축으로 돈이 준비되어 있다면 한 번에 전부 투자하는 방식도 고려해 볼 만하다. 하지만 적립식 투자가 마음이 놓인다면 나눠서 투자하라.
- 대폭락장이 찾아와도 두려워하지 말고 차라리 매수 기회로 보라. 하지만 대폭락이 일어날 시점을 예측하기란 불가능하므로 그 시점만 기다리고 있는 것도 바람직하지 않다.
- ESG 또는 SRI ETF로 친환경적이고 윤리적인 기준에 부합한 투자를 할 수 있다. 물론 지속 가능한 투자의 세계는 (여전히) 불투명하고 직접적인 영향력을 아직 정확히 측정할 수 없다. 하지만 분명한 것은 ESG 규정과 기준이 엄격할수록 분산투자가 어려워진다는 것이다.

# 행복과 자유,
# 그리고 자아실현의 길

마지막을 희소식으로 시작하겠다. 이만하면 당신은 이제 재테크를 위해 어떻게 투자하면 좋을지 충분히 잘 알고 있다! 어쩌면 매월 얼마씩 따로 비축해 두면 좋을지 벌써 계산을 끝냈을지도 모른다. 또 불필요한 보험을 해약하거나 서둘러 증권 계좌를 개설했을 수도 있다. 이 책을 읽으며 '내가 지금 가고 있는 이 길이 올바른 방법일까?'라고 자문하며 머릿속에 떠오른 몇몇 의구심에 고개를 갸웃거릴 수도 있다. 왜 아니겠는가? 나 또한 돈이 더 많았으면 좋겠고, 미래를 미리 볼 수 있으면 좋겠다고 생각한다.

하지만 그러려면 무엇보다 물질적인 수단이 필요하다. 동시에 "결국 돈은 그냥 수단일 뿐, 내 인생에서 가장 중요한 것은 아니잖아."라는 생각이 들 수도 있다. 맞는 소리다. 실제로 돈이 인생에서 가장 중요한 것은 아니다. 돈은 우리를 목표로 이끌어주는 수단에 불과하다. 그런 차원에서 마지막으로 왜 재테크를 해야 하는지 그 이유를 다시 한번 자세히 살펴볼 필요가 있다.

## 돈이 있어야 행복하다

정말일까? '진정한 행복에 꼭 돈이 필요한 건 아니다.'라고도 하지 않던가? 요즘은 '인생에서 가장 소중한 것은 돈으로 살 수 없다.'라는 생각이 너무나 당연하게 받아들여지고 있다. 이에 대해 독일의 저명한 문학평론가 마르셀 라니키(Marcel Reich-Ranicki)는 언젠가 "꼭 돈이 있어야 행복해지는 건 아니지만 울 거라면 전철보다는 택시에서 펑펑 우는 편이 훨씬 낫다."라고 말했다.

오랫동안 의심받아 왔지만, 돈이 사람을 행복하게 만든다는 것은 기정사실이다. 유수한 경제학자 가운데 베시 스티븐슨(Betsey Stevenson)과 저스틴 울퍼스(Justin Wolfers)도 연구를 통해 이러한 결론을 내렸다. 이 경제학자들은 소득이 증가할수록 행복감도 증가하고, 이 행복이라는 감정에는 상한선이 없다는 사실도 확인했다. 물론 돈이 많을수록 일정 수준을 넘어서면 추가 수입에서 오는 기쁨은 다소 줄어든다. 그렇지만 소득이 얼마나 상승하느냐와 별개로 소득이 증가하면 그만큼 삶의 만족감도 커진다.

왜 그런 걸까? 우리의 재정 상황이 행복이라고 느끼는 감정에 커다란 영향을 미치기 때문이다. 돈은 우리의 생존을 보장하며 사회적·경제적 참여를 위한 전제조건이다. 깊은 산속으로 나 홀로 들어가 자연인의 삶을 살겠노라고 결심하지 않았다면 말이다. 물론 돈이 별로 없어도 남들보다 훨씬 만족하며 사는 사람들도 있다. 그럼으로써 더 건강하게 살게 되었거나 소명을 찾아서, 그도 아니면 단순히 긍정적인 태도로 인생을 살기 때문이다. 주로 그런 사람들은 돈이 없어서 행복하지 않은 것이 아니라 돈이 없는데도 행복한 것이라고 생각한다. 행복에는 금전적인 부분 외에도 영향을 미치는 요인들이 아주 많기 때문이다.

매월 당신이 버는 급여에 비하면 소득이 턱도 없이 적은 국가로 한 번쯤 휴가를 떠나본 적이 있을 것이다. 당신에게 비친 그 나라 사람들의 모습은 어떠했는가? 뭔가 훨씬 더 행복하고, 편안하고, 즐거워 보였을 수도 있다. 나도 인도에서 보낸 한 학기 동안 이러한 경험을 한 적이 있다. 하지만 여기서 한 가지 확실한 것은 다른 모든 요인(환경, 직업, 친구, 날씨 등)이 그대로인 상태에서 부만 늘어난다고 가정하면 확실히 그들 또한 지금보다 더 행복해질 것이라는 사실이다.

물론 통장만 빵빵하게 채웠다고 충만한 삶이 완성되는 것은 아니다. 어떤 측면에서는 '인생에서 가장 중요한 것'은 돈으로 사지 못한다는 말도 틀리지 않았다. 이베이에서 420유로를 주고 좋은 친구를 구할 수 없는 일이니까. 하지만 돈은 인생에서 당신이 좀 더 '나'다울 수 있도록, 자유롭게, 건강하게, 만족스럽게 살 가능성을 높여준다. 더불어 당신과 주변 사람들과의 관계에서 긍정적인 환경을 조성하는 데 도움이 된다.

## 돈은 자유를 의미한다

러시아의 대문호 도스토옙스키는 돈을 일컬어 '주조된 자유'라고 표현했다. 비록 지금은 그때만큼이나 동전이 자주 쓰이지는 않지만, 그의 정의는 200년 전과 다름없이 그대로 유효하다. 사람은 돈이 있어야 어딘가에 종속되지 않고 독립적일 수 있다. 돈은 제약과 의무에서 우리를 해방시키는 동시에 새로운 문을 열어준다. 또한 타인의 기대와 상관없이 우리가 하고 싶은 일을 하며 지낼 수 있는 기회를 제공한다. 그러므로 재정적 여유는 '해야만 해서'가 아니라 '할 수 있어서' 선택하는 삶을 의미한다.

독일, 오스트리아, 스위스 그리고 일부 EU 국가만 해도 거의 최대한의 자유를 누리고 있다는 것은 의심할 여지가 없다. 헌법에서 규정하듯 우리는 선거권, 의사 표현, 종교 및 교육의 자유를 보장받고 있다. 그렇기에 언제라도 마음껏 여행을 떠날 수 있다. EU 국가 안에서는 국경을 넘을 때 방문 사유를 고지해야 하는 제약도 없다. 이러한 기본 권리는 굉장한 특권이기도 하다. 조금만 위로 거슬러 올라가면 우리 옛 선조들은 꿈도 꾸지 못했을 일이 우리에게는 종종 너무나 당연한 권리로 받아들여진다.

언젠가 어머니가 외할아버지에 대한 이야기를 들려주신 적이 있다. 외할아버지는 독일과 프랑스 간의 국경 지역인 엘자스 로트링겐 출신이었다. 그곳은 1870~1945년까지 국가가 다섯 번이나 뒤바뀐 지역이다. 1911년 독일제국 치하에서 태어나 1973년 프랑스 국적으로 눈을 감으신 외할아버지는 두 차례의 세계대전을 겪은 산증인이다. 외할아버지가 아직 어렸던 그 시절에 제1차 세계대전이 일어났다. 당시 외증조할아버지는 군인으로 참전하여 전쟁의 잔혹함을 목격했다고 한다. 1918년 해당 지역이 다시 프랑스로 반환되자 외할아버지는 샹파뉴 랭스 근방의 기숙사제 학교에 입학했다. 당시 외할아버지는 프랑스어를 한마디도 알아듣지 못했다. 모국어는 '로트링겐 독일어'였지만 그 언어는 당시 천시받았고 사용이 금지되어 처벌 대상이 되기도 했다. 그래서 독일어는 오직 가족과 친지들이 모인 곳에서만 은밀히 썼다고 한다. 모국어 사용 금지는 할아버지의 마음에 깊은 상처를 남겼다.

1940년에는 독일 국방군이 그 지역을 점령했다. 할아버지는 본인의 의사와는 무관하게 제2차 세계대전에 징집되었다. 그 시절의 자유란 전쟁에 나가지 않아도 되는 것, 도망치지 않아도 되는 것, 청년으로서 품었던 생각과 꿈을 실행에 옮길 수 있는 것이었다. 죽음이나 다른 형태의 처벌을 두려워하지 않고 모국어를 쓸 수 있는 자유도 포함됐다. 어머니는 당시만 해도 돈은 전혀 문제가 되지 않았다고 말했다. 이 힘든 시절에는 딱히 쓸 일도 없었지만 돈으로 자유를 살 수 있는 것도 아니었기 때문이다. 하지만 지금, 그리고 우리가 있는 이곳은 그때와 전혀 다르다.

그사이 유럽 사회는 그 어느 때보다도 개방적이고 자유를 보장하고 있다. 그런 가운데 우리의 자유를 제한하는 몇 안 되는 것 중 하나가 바로 돈이다. 재정 상태에 따라 우리가 원하는 것을 할 수 있는지 또 없는지가 결정된다. 오늘날 돈만 있으면 지난 반세기에 비해 선택 가능한 여러 옵션이 훨씬 더 많아졌다. 1960년대까지 비행기를 타고 여행을 떠나는 것은 대단한 기업가나 영화배우에게나 가능한 일이었지만 어느새 너무나 당연한 일이 되어버렸다. 그리고 텔레비전, 스마트폰 또는 세련된 옷이 가득 찬 옷장 역시 현대사회의 대다수가 누리는 것들이다. 물론 재정 상태가 다소 제한적이거나 거의 없는 거나 다름없는 상태라면 행동 범위에 제약이 생긴다. 쉽게 말해 돈이 없으면 무언가를 포기하거나, 원래 원했던 것과 다른 방식으로 시간을 보낼 수밖에 없다.

반면 돈은 우리에게 선택권을 허락한다. 허용된 여러 옵션 중 하나를 선택할 수 있음을 의미한다. 이러한 선택권은 직장부터 시작된다. 모든 직장인이 지금 하는 일에 만족하는 것은 아니다. 일부는 자신이 완전히 무용하다고 느낀다. 그런데도 대부분 퇴사는 전혀 고려하지 않는다. 생활에서 급여 의존도가 매우 높기 때문이다. 따라서 월급을 제때 받지 못하면 임대료, 생활비 등을 낼 재간이 없다. 그러므로 현대사회에서 자유롭다는 것은 안전성과 연봉 등을 전혀 고려하지 않고 그냥 하고 싶은 일을 직업으로 삼을 수 있는 상황을 의미한다. 직장 상사의 손에 속 시원하게 사표를 건넨 뒤 반년간 해외살이를 떠나 새로운 경험을 만끽하거나 문화적 소양을 기르며 재충전하거나 날마다 하고 싶은 일을 찾아 나서도 허락되는 여건을 말한다. 요컨대, 자유란 정말 내가 행복할 만한 환경을 조성할 수 있음을 말한다.

재정적 여유가 있다는 것은 단지 많은 것을 누릴 수 있다는 의미만은 아니다. 더 나아가 타인에게도 호의를 베풀 수 있다. 부모가 직접 부담하기 힘든 여행 비용을 내주거나 함께 여행을 떠나고, 친한 친구의 창업 아이디어를 후원하거나 일정 기간 혼자 임대료를 감당하며 인생의 혹독한 시기를 보내고 있는 룸메이트의 어깨에 얹어진 짐을 덜어줄 수도 있다. 또한 자식의 성장에 긍정적인 영향력을 미치는 것들을 지원해 줄 수 있다.

이렇듯 '돈은 자유다'라는 생각을 함축하는 명언이 있다. 금융위기 이후로 소위 '퍽유머니(Fuck You Money: 재정적 궁핍 상태에 빠지지 않고 직장을 그만둘 수 있을 만한 돈)'라는 표현이 등장했다. 뭔가 외설적인 말처럼 들리지만 실제로는 누구의 눈치도 보지 않아도 될 만한 돈을 의미한다. 칭찬 한마디 없이 하기 싫은 일을 자꾸 떠넘기는 상사라거나 어렵사리 대출을 승인해 준 은행, 또 경제적 지원을 해주는 전남편이 그런 대상이 될 수도 있다. 누구의 눈치도 볼 필요 없게 해주는 '퍽유머니'는 언제라도 처음부터 다시 시작할 수 있는 경제적 완충 쿠션이 되어준다. 재정적 안정이 뒷받침되는 순간 비로소 우리는 조금 더 자신을 믿고, 용기 내어 새로운 경험에 도전할 수 있다. 설령 사업 아이디어가 실패로 막을 내리거나 새 직장이 내가 꿈꾸던 행복을 충족시켜 주지 못할 때조차 괜찮다는 여유가 생긴다. '어쨌거나 인생은 계속될 것이고, 앞으로도 예전 생활수준을 유지할 수 있으니까.' 이런 여유는 모두 생활이 안정적으로 보장되었기 때문에 가능하다.

하지만 이런 꿈 같은 '퍽유머니'를 논하려면 자산을 얼마나 확보해야 할까? 1억 원쯤은 되어야 할까? 아니면 아예 50억 원을 훌쩍 뛰어넘는 엄청난 돈이어야 가능할까? 하지만 정해진 금액은 없다. 누구에게도 얽매이지 않고 자립 가능한 기준은 상황과 목표에 따라 천차만별이다. 많이들 말하는 '경제적 자유'는, 아마도 모든 종류의 독립 중에서 가장 야심 찬 목표일 것이다. 40대에 은퇴하고 연금 생활을 시작하려면 적어도 몇억 원이 필요하다. 물론 어떻게 살고 싶으냐에 따라 또 달라지겠지만 말이다.

**경제적 자유란?**
경제적 자유라는 표현은 어디에나 쓰이지만, 솔직히 보편적인 정의는 없다. 이에 나는 경제적으로 자유롭다고 함은 삶을 다하는 날까지 달성한 수익, 즉 자본 수익으로 생활하기에 충분한 자산을 보유해야 가능한 것이라고 말하고 싶다. 다시 말해 일을 하지 않아도 되는 삶이다.

## 당신은 세상을 조금 더 이롭게 만들 수 있다

사람마다 돈을 어떻게 쓸지 결정한다. 그에 따라 또 그 돈을 공익을 위해 쓸 의향이 있는지도 제각각이다. 하지만 여유 자금이 많다면 적어도 세상을 조금은 더 이롭게 만드는 데 기여할 가능성이 생긴다. 꼭 환경 문제에 앞장서고, 자원을 절약하는 방식으로 사회 공헌에 참여하는 방식이 아니더라도 더 많은 옵션이 생긴다. 낙농업자들이 생산한 우유에 공정가격을 지불하고, 적외선이 방출되는 사육장에서 기른 동물의 육류를 식탁에 올리지 않겠다고 결심하는 순간 더 많은 돈을 지불해야 한다. 오래된 가솔린엔진을 떠나보내고 친환경 자동차로 바꾸거나 때때로 저가항공 특가 티켓 대신에 훨씬 비싼 기차표를 살 때도 돈이 더 많이 든다. 물론 고소득층이라고 해서 모두가 더 나은 세상을 만드는 데 이바지하는 것도 아니다. 현실은 오히려 정반대를 가리키고 있다. 연구 결과에 따르면 사회의 상위 10%가 전 세계 이산화탄소 배출량의 절반을 야기하고 있다고 한다. 하지만 당신의 돈이 이런 사회적 기조를 바꾸고, 의식적인 친환경 삶을 실천하는 데 기여할 수 있다. 돈을 쓰는 방식은 모두가 다르다. 하지만 당신이 그 돈을 어떻게 쓰느냐에 따라 조금 더 나은 세상이 될 가능성이 높아진다.

## 당신은 아마도 더 오래 살 것이다

돈이 충분하지 않으면 그저 짜증 나거나 불편한 것만으로 끝나지 않는다. 사람의 건강을 연구하는 전문가들은 심지어 수명까지 단축된다고 주장한다. 독일 로버트코흐연구소(Robert Koch Institut)에서 시행한 연구 결과에도 이런 사실이 담겨 있다. 태어날 때부터 빈곤의 위험에 노출된 사람의 수명은 소득이 최소 중위 50%

이상인 사람보다 평균 9.5년이 적었다. 빈곤한 삶에서 비롯된 정신적 스트레스가 가장 큰 원인이었다. 행복을 연구하는 일부 전문가들은 고소득이 심리 상태에 유익하다고 주장했다. 중위 소득 60%보다 소득이 적은 사람은 심부전, 고혈압, 관절염과 같은 만성질환이나 우울증에 걸릴 위험이 매우 큰 것으로 나타났다. 무엇보다 미래에 대한 걱정, 불안 또는 스트레스에 의해 심리 상태가 심하게 짓눌리는 것이 가장 큰 문제였다.

2017년 발표된 또 다른 연구 결과를 살펴보면 엄마의 뱃속에 있을 때부터 궁핍함에 의한 폐해가 명확하게 나타난다고 한다. 아이를 밴 임산부가 생활고와 싸우며 심한 정신적 고통에 노출되면 태아의 성장도 느려지며 결국 조산으로 이어지거나 우울증과 같은 심리적 질환에 취약해질 가능성이 높다고 한다.

경제적 문제가 있는 사람들은 주로 사회생활에 잘 참여하지 않는 경향을 보인다. 누군가와 만날 약속도 잘 하지 않고, 누군가를 초대하거나 방문하는 일도 별로 없다. 그러므로 돈이 없으면 외로워진다고 말할 수도 있다. 그리고 이 또한 건강에 해롭다.

물론 고소득자라고 모두가 여유로운 삶을 사는 것은 아니다. 백만장자도 두려움과 압박감 그리고 스트레스에 노출된다. 그렇지만 입증된 바로는 지속적인 정신적 스트레스에 건강을 해치는 대상은 주로 저소득층이다. 가진 돈이 적다는 것은 타인에게 경제적으로 더 의존해야 한다는 의미다. 예컨대 육체적으로(또는 정신적으로) 힘에 부치는 일을 수년간 참으며 하다가 건강을 해친다고 해도 달리 방법이 없어 계속할 수밖에 없다. 반면 재정적 걱정이 전혀 없다면 어떠할까? 먹고 싶은 것이 있으면 딱히 참지 않아도 된다. 경제 상황이 좋을수록 식단은 건강해진다. 지금은 신선한 친환경 채소가 흰 빵과 저가 소시지보다 훨씬 비싸다. 또한 받을 수 있는 의료 서비스와 편의 사항이 달라진다. 독일은 모든 국민에게 법적으로 건강보험 혜택이 보장되며 소득과 상관없이 모든 계층에 동일한 기본 의료 서비스가 제공된다. 따라서 중증 질환이나 심장마비로 병원에 이송된 환자는 누구나 그에 필요한 치료를 받을 수 있다. 하지만 경제 상황이 나은 사람은 인생을 보다 건강하게 살 수 있다. 건강보험이나 의료 실비를 보장하는 보험회사에서 '의학적 조치가 필요 없음'으로 규정하여 환자가 전액 자비로 부담해야 한다고 명시된 상황에서도 원한다면 그 이상의 치료와 시술을 받을 여유가 생긴다. 스케일링과 같은 치과 치료나 휴가를 떠나기 전에 꼭 맞아야 하는 백신을 접종할 때도 추가 비용이 발생한다. 예방 차원에서 머리부터 발끝까지 검사하는 정기검진도 마찬가지다. 이러한 추가 의료 서비스로 보다 건강한 삶을 살 확률이 늘어난다.

## 당신은 자신에게 투자해도 된다

인생에서 가장 중요한 투자 중 하나를 꼽으라면 단연코 자신에게 하는 투자일 것이다. 매우 이성적이고 실용적으로 따져보자. 자신에게 하는 투자는 경제적 관점에서도 몹시 중요하다. 그것을 통해 노동력 가치 상승과 소득 증가 가능성이 높아지기 때문이다. 그러기 위해서 먼저 자신에게 숨어 있는 능력을 찾아내야 한다. 직장 생활을 통해 자동으로 습득하게 되는 업무 능력 외에 교육을 통해 얻을 수 있는 기술적 숙련도나 특수 부문의 능력, 관심과 참여도, 열정, 특별한 재능처럼 경제활동에 활용 가능한 기술과 특기가 있다. 이외에도 자존감, 팀워크 능력 같은 사회성 역량이나 네트워크 구축 능력 등이 포함된다.

이러한 능력을 개발하고 성장할수록 자신에게 유익하다. 그로써 업무수행 능력이 향상된다. 또 이런 장점들이 하나둘 쌓이면 누구보다 혁신적이고 생산적인 사고의 소유자가 될 것이다. 이런 역량은 미래의 고용주나 고객의 관심을 자극할 수 있다.

당신은 자신에게 얼마나 제대로 투자하고 있는가? 예를 들어 전문교육이나 관련 학위를 취득하고, 많은 시간을 공들여 최신 트렌드를 분석하고 판단하는 데 도움이 되는 수많은 책을 읽는 것도 방법이다. 외국어를 배우는 것도 새로운 직군으로 향하는 첫 관문이 될 수 있다. 그 밖에 새로운 사람들과 교류하는 것도 자기계발에 포함된다. 당신의 시야를 더 넓혀주는 모든 활동이 바로 당신을 위한 투자라고 할 수 있다. 이런 모든 노력과 투자가 당신을 매력적인 동료 또는 비즈니스 파트너로 만든다. 이런 역량 중 상당 부분은 취득하기가 생각보다 수월하다. 만약 재원만 충분히 마련되어 있다면 말이다. 6주간의 마케팅 클래스, 해외에서 취득하는 석사 학위, 고급 외국어 강좌, 온라인 프로그래밍 강좌 등 다양하다. 그 밖의 다른 역량에도 최소한의 시간, 에너지 그리고 돈이 필요하다. 대부분 돈은 어디에서나 빠지지 않는다. 물론 무료 엑셀 강좌나 직업 교육센터의 심야 강좌도 있지만 적어도 수업 시간에 맞출 수 있는 시간과 교육 기간 동안 무급휴가를 신청할 수 있는 여건이 충족되어야 한다.

 자기계발에 적극적으로 투자하는 목적이 꼭 노동시장에서 더 나은 입지를 찾으려는 것만은 아니다. 이를 통해 삶의 만족도 또한 향상된다. 약 80년 전 미국의 심리학자 에이브러햄 매슬로(Abraham Maslow)가 고안하여 유명해진 피라미드 형태의 욕구 이론이 매우 인상적인 방식으로 이를 보여준다. 매슬로의 이론에 의하면 사람이 달성하려는 궁극적인 목표인 자아실현은 도식의 최상위층에 위치한다. 매슬로는 자기 재능을 갈고닦는 것, 창조적인 삶이나 흔히들 말하는 인생의 의미 찾기 등이 이에 해당한다고 설명했다. 이러한 자아실현을 위한 첫걸음을 떼기 전에 무엇보다 기초적인 욕구가 충족되어야 한다. 따라서 먹고, 자고, 숨쉬고, 나의 후손을 남기려는 생리적인 욕구가 첫 번째다. 그다음은 안전과 대인 관계, 사회적 소속감 같은 사회적 욕구가 뒤따른다. 이러한 기본 욕구가 충족되어야 비로소 자기계발을 통한 자아실현의 충동을 강하게 느낀다. 여기서 핵심 포인트는 바로 이 욕구 피라미드의 하층에서 상층부로 오르려면 재정적 자원이 필요하다는 것이다. 쉽게 말해 자아실현을 하려면 돈이 필요하다.

네덜란드의 역사학자이자 저자인 뤼트허르 브레흐만(Rutger Bregman)은 언젠가 TED 강연에서 빈곤과 미래의 발전 가능성의 상관관계를 다뤘다. 브레흐만은 빈곤한 사람은 현명하지 못한 결정을 내릴 수도 있다고 했다. 저소득층이 다른 소득계층보다 어리석어서가 아니라 그런 결정을 내릴 수밖에 없는 환경에서 생활하기 때문이다. 전략적으로 사고하고 행동하기에는 돈, 시간 그리고 자원이 부족하다. 돈이 넉넉하지 못하면 성급한 결정을 내릴 수밖에 없다. '자동차 보험료를 내야 하는데 여유 자금이 있나?', '월말에 제때 임대료를 송금하려면 돈을 어떻게 써야 할까?' 같은 돈 걱정이 우선한다. 반면 먼 곳을 내다보는 미래지향적 사고방식은 자기 발전을 위해 무엇을 더 배워야 할지 또는 저축한 돈을 어떻게 굴릴 수 있을지 고민한다. 결핍이 생기면 그것을 관리하는 데 정신적 에너지가 소모되기 마련이다. 그러므로 돈 걱정은 모든 사고를 차단한다.

조건 없는 기본소득을 보장했던 '파일럿 프로젝트'를 예로 들 수 있다. 과거에 캐나다 남부에 있는 소도시 도핀(Dauphin)에서 시행했던 실험이다. 1970년대 캐나다 정부는 도핀에 새롭게 정착한 시민들의 생활을 보장하기 위해 연 소득을 지급하는 현장 테스트를 시행했다. 당시 4인 가족을 기준하여 캐나다 달러로 연 3,800달러를 지급했다. 현재 가치로 환산하면 약 3만 달러에 준하는 금액인데, 매월 4인 가족 기준 2,500달러를 지급한 것이다.

이와 같은 국가 지원금 지급으로 아무도 일하지 않거나 시 자체의 파산을 걱정했던 우려는 전혀 근거 없는 것으로 판명됐다. 그 결과 실험 참가자들의 건강 지표가 눈에 띄게 향상되었다. 그뿐만 아니라 예전보다 훨씬 더 성공을 누리고 일의 성과도 좋았다. 시 인구의 약 3%만이 평소보다 일을 줄였지만, 대다수는 추가로 생긴 돈을 자기계발, 타자기와 같은 장비나 자동차 구매 등 업무 능률을 높이는 곳에 과감히 투자했다. 10대 청소년들은 배움의 길을 더 이어갔고, 그에 따라 좋은 성적으로 졸업장을 취득한 학생의 수가 급격히 늘어났다. 기본 욕구가 충족되고 날마다 지출해야 하는 생활비가 보장되어야 자신의 미래를 심도 있게 고민해보고 자신에게 의미 있고 성취감을 주는 일에 매진하거나 자아실현을 위해 노력한다는 것을 도핀 시의 사례가 입증했다.

 이와 관련하여 듣기만 해도 기분 좋은 희소식이 있다. 바로 자신의 자유와 안정을 보장하고 기꺼이 자신에게 투자할 수 있는 재정적 기반을 구축하는 데 그 누구의 도움도 필요하지 않다는 사실이다. 단순히 나중에 좀 더 많은 수입을 얻기 위해서만은 아니다. 자신의 손으로 그 기반을 닦으면서 무엇보다 큰 성취감을 느끼게 될 것이다.

## 이것으로 끝!

마침내 이 책의 마지막 장에 이르렀다. 끝까지 잘 따라와 준 당신에게 경의를 표하고 싶다. 지금까지 투자에 관해 심도 있게 살펴본 만큼 이제 돈의 세계를 이루는 많은 것들을 깨달았을 거라고 생각한다. 자산 관리와 투자를 직접 시작해 보려고 결심했다면 그것만으로 충분히 훌륭하다. 아마 당신은 이 모든 주제가 처음 생각처럼 그리 복잡하지 않다는 점도 깨달았을 것이다. 기초와 몇 가지 핵심 맥락을 이해했다면 이미 절반은 해낸 것이나 다름없다.

차분히 시간을 가지고 하나씩 실행에 옮겨보자. 필요하다면 다시 앞 장으로 되돌아가거나 검색을 통해 관련 정보를 조사한 뒤 구체적인 단계를 차근차근 실천해 보자. 한 달 또는 1년 중 얼마만큼의 시간을 재테크에 투자할 것인지는 순전히 당신의 선택이다. 또한 이 분야를 더 깊이 파고들지 또는 반대로 최대한 단순하게 접근할지 결정하는 것도 마찬가지다. 그리고 당신이 무엇을 선택하든 지금부터 그 무엇도 당신이 자산을 불려 나가는 것을 막을 수 없다. 그것만 해도 충분히 기뻐할 일이다.

개인적으로 모든 독자가 내게 선사한 무한한 신뢰에 감사의 말을 전하고 싶다. 그리고 당신이 가고자 하는 길에 이 책이 진정으로 도움이 되기를 바란다.